長老手冊

Elder's Handbook

|鳴謝| ACKNOWLEDGEMENT

在教會領袖中，長老的工作是極為獨特的。作為教會的監督，他們要對教會工作的一切相關事宜負責。因此，培訓和指導長老的工作就由傳道協會負責。由於長老要與教會各部緊密合作，所以本手冊中也涵括了各部門代表提供的資料。

本書文稿

總會傳道協會領袖及其在世界各地區的同工，向本會中擔任長老一職的人，獻上這本自1997年初版的《長老手冊》至今、於2016年更新的最新版本。鑒於本手冊將在全球使用，因此在編寫的過程中送呈總會各部門幹事、長老、牧師以及行政人員進行審查、評論及建議。考慮到世界各地的長老們在不同規模的教會服事，這些基本原則應因地制宜加以應用。

本書文稿經由加里・派特森在雷・派特森的幫助下完成本手冊的主體寫作。艾麗卡・米克負責設計。由下列總會辦公室傳道協會成員做出最後的批准：約拿斯・阿拉斯，羅伯特・科

斯塔，阿爾弗雷多·加西亞——馬倫科，威利·E·哈克斯、安東尼·肯特、德里克·莫里斯、傑裡·佩奇、珍妮特·佩奇和凱茜·佩恩。

我們要向這些人以及許多幫助本手冊成功付梓的人，致以最衷心的感謝。

|目錄| CONTENTS

鳴謝　2

序言　7

第 1 章 ─────────── **教會及教會組織**　11

早期教會的領導模式
定義
建立組織的需要
教會長老的重要性

第 2 章 ─────────── **長老的呼召與資格**　29

呼召、選舉與按立
職責說明
資格
按立

第 3 章 ─────────── **崇拜聚會**　47

什麼是崇拜？
公眾崇拜
教會事奉

崇拜的程序
講道

第 4 章 ──────────────── **教會的領導** 65

牧師與長老同工
教會計劃
教會選舉
領導風格
委員會
教會的標準與紀律
與區會的關係

第 5 章 ──────────────── **教會部門** 95

行政管理
各部門的事工

第 6 章 ──────────────── **佈道工作** 113

全球教會佈道工作
成功佈道的原則
社區佈道事工

第 7 章 —— 教會牧養 129

禱告事工
禱告會
探訪
小組事工
輔導

第 8 章 —— 特別儀式 149

浸禮
聖餐禮
婚禮
兒童奉獻禮
為病人禱告
趕鬼
喪禮
新屋祝福禮
牧師就職儀式

—— 總結 191

—— 附錄 191

|序言| PREFACE

　　基督復臨安息日會長老的工作範圍大種類多。有些教會規模很大，領導者需要帶領數千名信徒。有些教會則很小，牧養的信徒雖然不多，但彼此間居住的地方卻相隔甚遠，這樣的教會往往不容易得到牧師的牧養，所以長老不僅要領導會眾，還必須在與牧師協商後承擔起定期講道的責任。本手冊旨在協助長老明白他們所蒙的呼召，並教導他們如何在教會中擔任領袖。

　　「有些教會的信徒沒有足夠的經驗和資格來擔任長老。在此情況下，該教會應該推選出一個『領袖』。在沒有牧師或區會委派牧師的時候，該領袖負責主持教會的聚會，包括各種的事務會議。領袖若無法親自主持這些聚會，就必須安排他人來主持。」（《基督復臨安息日會教會規程》，原文第77頁）。這本書也是為這些領袖提供指導的。

　　因為基督復臨安息日會是全球性組織，涵蓋了不同種族及多元文化，因此聚會的方式也有所不同。本手冊並未規定任何

方法或程序要世界各地的教會長老遵循，而是根據《聖經》中的組織及領導原則來強調長老的職責，這些原則在全球各教會都適用。

本手冊與《牧師手冊》和《教會規程》相輔相成。這三本書應被視為一套書籍，每位長老都應擁有一套。《教會規程》是由全世界各地的教會代表在全球代表大會上投票表決通過，因此在重要性上高於本手冊以及其他任何為地方教會而撰寫的手冊。

在本手冊中所引用的《教會規程》，乃參照2015年英文版本的頁碼。雖然頁碼因書籍版本而異，但按照其相關主題仍可查到內容。

「牧者」（minister）和「牧師」（pastor）一詞雖常常互換使用，但為嚴謹起見，除了引用其他書籍資料外，本手冊一律使用pastor為「牧師」一詞。

　　無論是講述《聖經》裡的教訓，還是實際的事奉，長老和牧師的工作總是密不可分，因此本手冊與《牧師手冊》非常相似，透過《牧師手冊》可以幫助長老更瞭解本書中探討的主題。

　　牧師及傳道同工們（或幹事）在培訓長老時，應使用本手冊。此類培訓信息源遠流長，始於使徒保羅給以弗所長老們的教訓，「聖靈立你們作全群的監督，你們就當為自己謹慎，也為全群謹慎，牧養上帝的教會，就是祂用自己的血所買來的。」（徒20:28）

復臨教會全球總會
傳道協會幹事
詹姆斯・克雷斯
2009年6月1日

9

第 1 章

教會及教會組織

THE CHURCH AND ITS ORGANIZATION

一、早期教會的領導模式

教會的長老──長老的服事出自於《聖經》的要求。從新約教會開始，信徒們就揀選了「使徒和長老」作為首領（徒15：22），他們在教會中被選立、被任命為長老（徒14：23）。既有此做法為榜樣，從基督教時代開始，這種組織架構就以各種不同的形式延續至今。

門徒們一開始不僅要傳揚福音，也要監督整個基督教團體的發展。但是隨著成千上萬名新信徒湧入，教會不斷擴張，很快地教會就需要一個合適的新架構。於是，就新添了執事的角色（徒6章）以幫助照顧和管理教會成員；後來，長老被選立來領導不斷壯大的教會。隨著使徒們的過世，長老便承擔了他們在教會中的領導職責。

這本《長老手冊》希望根據早期教會傳統的基礎，向基督復臨安息日會的信徒提供長老一職的明確指引。想要達成這一目標，就必須釐清一些定義──特別是「教會」和「長老」的定義，因為它們在本手冊中需受到正確的理解和使用。

二、定義

長老──雖然在英文中「長老」（elder）一詞的本意是指一個人的年齡較長，但在新約《聖經》的用法以及現代用法的理解中，該詞也含有「領袖」或「使者」的含義。雖然長老一般都是成熟且經驗豐富的人，但並不是說只有年長者才能擔任長老一

職。在《聖經》「各城設立長老」的指示（多1：5）下，即表明了長老不一定是由年紀最長的人來擔任長老：否則這個職務就不需要任命的儀式，只要由年紀最大的年長者自動填補空缺即可。

提摩太在年輕時，就已被視為早期基督教會的領袖了，使徒保羅曾說：「不可叫人小看你年輕，總要……作信徒的榜樣。」（提前4：12）實際上，長老們都被呼召要以身作則，做為榜樣——不論年紀大小。

教會——由於「教會」（church）一詞的許多用法都可能引起誤解，因此要先知道本手冊對教會所下的定義。教會通常是指地方，例如一棟建築物或一處產業。教會也可以指一群信徒或成員，或指一段神聖的敬拜時間。有時教會也被用來識別和區分不同的教派，比如基督復臨安息日教會。

這些用法傾向於將「教會」視為我們所建立、隸屬、經營或擁有的組織或團體。在本手冊中，我們將著重介紹基督復臨安息日會的組織和運作，我們也必須始終牢記是上帝創造並呼召教會的成立。「教會」的希臘文ekklesia，其字面含義便是「被呼召出來的」。

教會不是由我們設立或擁有的。當人們接受福音的呼召——基督救恩的好消息——要成為上帝國度的一份子，並「宣揚那召你們出黑暗入奇妙光明者的美德」（彼前2：9）時，教會

便產生了。這種呼召並不是要一群人從離開一個組織後，再加入另一個組織，這種呼召是要讓一個人從脫離墮落世界、迷失自我的狀態後，進入基督的救贖與公義之中。那些接受呼召的人自然而然就成為上帝的子民。我們並不是憑藉個人或群體的意願而組建教會的；我們是藉著接受上帝的呼召而成為其中一員的。

教會是新約的概念。舊約《聖經》中並未出現「教會」一詞，但這並不是說舊約時代的人就不屬於上帝的國度。當時以色列就是上帝所揀選的民族，祂的子民要接受祂的救恩，並向萬國萬民分享祂的愛。出現在舊約《聖經》中的敬拜及團契活動，的確對新約教會產生了極大的影響，然而新約教會的建立在救贖歷史上的地位是獨特的，並非猶太教的延伸。

《聖經》在使用「教會」這個詞時有兩層含義。從廣義上來說，教會是指無論處在任何時間、任何地點的上帝子民。我們雖然無法看出或算出「無形的教會人數」的準確數目，但這個數目確實存在，只有上帝知道那些被記錄在「生命冊」（啟21：27）上的人數。從狹義上來說，教會也指在各城中特定的團體，例如哥林多教會（林前1：2）、加拉太教會（加1：2），以及在亞洲的七教會（啟3-4章）。本手冊將對教會的含義進行廣義和狹義兩方面的探討。不過，由於在基督復臨安息日會地方教會中，長老是首要領袖，所以本手冊中所提到的教會大

多取其狹義概念。

教會的宗旨——教會的宗旨是要使教友能夠完成福音的使命，去「使萬民作我的門徒」（太28：19）。在教會組織中，架構、方針和制度都扮演著重要角色，但這些都不是教會建立的宗旨或目的。倘若教會以維護制度為中心，並將關注的重點從傳揚救贖的福音轉移到策略和架構的爭論上時，我們就要知道這已經偏離了組建教會的初衷。教會之所以存在，不是為著這機構本身，而是為了上帝的子民及其使命。

儘管教會並不完美，但上帝依然非常關心祂教會的成功與否。基督「愛教會，為教會捨己」（弗5：25）。懷愛倫論到上帝對於教會的承諾，她說：「我向弟兄姐妹們見證，基督的教會即便有軟弱和缺點，但仍是祂在地上最關懷的唯一對象。」（《信息選粹》卷二，原文第396頁）。教會是基督親自賦予的屬靈生命。所以，無法單單用人類的語言來定義其內涵。因此，將教會視為以基督為中心，以人為本，這是極為重要的。

基督徒節制自律的生命成長，在於經歷上帝救贖的恩典。教會是因人的緣故而存在的。每一教義的提出不僅要立足於真理，還要基於如何幫助人們變得更像基督。當真理與教義幫助人們在恩典中成長時，才會顯出其重大且深遠的意義。

教會並非陳列遺跡的歷史博物館，而是不斷進步發展的工

作坊／室。在博物館裡，陳列的是已完成的古老物件供人觀賞。而在工作坊／室裡，有些產品初現雛形，有些是半成品，還有些已經快要完成。工作坊／室是不斷發生變化的地方。教會也是如此，信徒們正處於基督徒發展的不同階段。

肩負教會的使命，意味著我們必須與世界分別，但又有責任要向世人做工，這兩者之間必會發生衝突。倘若教會偏重其中的任何一件，都會導致失衡。我們個人都蒙召要與這罪惡的世界分別，而教會的使命卻呼召我們憑著愛心去服務並拯救世人。教會必須是「在這世上，卻不屬於這世界」（約17:14-16）。

一個教會很容易偏離其使命，而將注意力集中在——教會自己本身、教會的會議、教會的委員會、教會的建築。但一個真正專注於使命的教會，會從接觸並扶助社區失喪之人的角度來看待自己所做的一切。每一位教會成員都應成為傳道者。「我們作基督的使者，就好像上帝藉我們勸你們一般。我們替基督求你們與上帝和好。」（林後5:20）

三、建立組織的需要

福音的呼召雖是一件非常個人化的事情，但它需要團體，也需與其共同擔負責任。雖然信徒並不是因為作為一個團體成員而得救，但我們卻能在基督徒的團契交誼中獲得力量與安全感。《聖經》勸勉我們要「彼此相顧，激發愛心，勉勵行善。你

們不可停止聚會」（來10：24-25）。為著彼此共同的益處，我們基督徒應該團結合一。所謂眾志成城，團體聯合起來的力量遠比個人的努力強大得多。

基督曾吩咐門徒：「你們不要受拉比的稱呼，因為只有一位是你們的夫子；你們都是弟兄……你們中間誰為大，誰就要作你們的用人。」（太23：8，11）在上帝的國中，領導者與被領導者的關係並非主僕，而是同工。領袖是必要的，也應當受到尊重，但教會的領袖應當是僕人式領袖。在基督的教會中，不同的種族、部族、種姓或性別的人應當彼此尊重。「並不分猶太人、希臘人，自主的、為奴的，或男或女，因為你們在基督耶穌裡都成為一了。」（加3:28）

保羅在他寫給哥林多教會的書信中論到教會組織與領袖，他指出聖靈的恩賜透過教會成員而賦予了教會：「職事也有分別，主卻是一位。功用也有分別，上帝卻是一位，在眾人裡面運行一切的事。聖靈顯在各人身上，是叫人得益處。」（林前12：5-7）聖靈所賦予長老們的領導恩賜，並不是為了個人的益處，乃是為了教會的事奉。

《聖經》的組織模式——本手冊著重講述教會組織與架構。上帝行事之處，必有組織產生；教會當然也不例外。「上帝在全宇宙中的作為都顯出其規律和秩序。」（《給傳道人的證言》，原文第26頁）

以色列人的組織依照上帝的吩咐建立，精確且嚴密。當他們在曠野時，「按著軍隊」（民10：28）的形式前進。全會眾分為十二個支派，各有首領進行治理，後來又進一步將各支派分成一千人、一百人、五十人和十人的單位（出18：21–22）。在安營和行軍時，每個支派都有其固定的位置。

說明教會組織最為生動和實際的模型之一，就是保羅一再闡述的人體比喻。人體既包括頭、手臂、腿，也包括重要臟器（林前12：12–28）。雖然這些部分在外形、位置和功能上大相逕庭，但人的身體有賴於各器官充分發揮各自的職能。教會被比喻為基督的身體，也是如此運作的。

來自於不同種族和社會背景的教友相互之間存在極大的差異，但大家都屬於一個身體，「都從一位聖靈受洗，成了一個身體」，「不拘是猶太人，是希臘人，是為奴的，是自主的」（林前12：13）。正如人體的各個器官對於身體的健康至關重要一樣，在基督的身體中，每一位教友的參與都與教會的健康發展息息相關。當每個人都發揮作用的時候，教會就能蓬勃發展。

指揮身體的是頭，而基督是教會的頭（西1：18）。教會是上帝旨意的延伸；上帝在世所要做的事，教會都應當義不容辭。上帝藉著聖靈，以屬靈恩賜來裝備教會以完成祂的工作。這些恩賜要在教會的事奉中得到完善和發展。每一位成員都受

到聖靈的呼召，有特別的工作要分賜給人，並有聖靈加添力量，確保事工成功向前推進。

　　早期教會就是一個範例，使我們看出一個組織是如何按著需求逐漸成長、發展的。最早的組織是由在耶路撒冷的使徒們組成的（徒6：2）。隨著教會人數及信徒需要的增加，教會選舉了其他領袖來分擔使徒們日漸繁重的工作，附近的教會也以類似的方式組織起來，保羅在書信中提到的「加拉太的各教會」（加1：2）就是例子。基督復臨安息日會要在組織架構上仿效新約教會的樣式。

　　基督復臨安息日會的組織──基督復臨安息日會的先賢們對其原本所屬的教會信仰體系及架構提出質疑，並希望對其進行改革。當他們的嘗試遭到拒絕後，他們也不願意建立一個新的教派，擔心重蹈其他教會的覆轍。但很快地組織的必要性和作用就消除了人們的疑慮。「人數增加了，我們認識到如果沒有某種形式的組織，就會造成很大的混亂，聖工就不能成功地推展。為了支持傳道工作，在新區開拓聖工，在教會和傳道工作中排除不合適的人員，保持教會的產業，出版真理的書刊，以及其他許多目的，組織是必不可少的。」（《給傳道人的證言》，原文第26頁）

　　雖然福音的大使命（太28：19-20）並非基督復臨安息日會的專屬職權，但我們卻肩負著將三天使的信息傳給「各國、各

族、各方、各民」（啟14：6）的特別任務。因此，基督復臨安息日會必須始終著眼於世界性的傳道使命，若只聚焦於地方教會活動而將向世界宣教的使命拋諸腦後，顯然就違背了教會的根基與原則了。

這種世界觀給地方教會及當地長老們在組織上帶來挑戰。使命如此艱巨，組織必須有效能；任務既遍布全世界，權力則必須要分授；聖工要跨越民族和文化，組織就必須靈活。

教會的組織形式——教會的組織形式通常分為四種：

❶ **教皇制（Papal）**：教皇擁有至高權威，在教義和政策問題上被視為唯一可靠的權威。

❷ **主教制（Episcopal）**：教會的主教在一切過程和神學解釋上擁有最高權威。

❸ **會眾制（Congregational）**：地方教會的會眾對教會一切事務及《聖經》解釋擁有充分權力。

❹ **代表制（Representative）**：教會成員享有基本權利，但全球教會的教義解釋、計劃與協調的責任，是由會眾推選出的代表承擔。基督復臨安息日會遵循此種教會管理的代表制形式。

每個教會團體的工作會在定期的「代表大會」上加以審查。會議上要作報告，領袖們需述職，並在必要時選舉新一屆的領

袖。與會代表皆由下一級教會推舉產生。例如，在區會代表大
會舉行前，各個地方教會需從會眾中推選代表來出席會議。

各級組織的組成──基督復臨安息日會是由四層組織形
成：

❶ **地方教會**（The local church）：由信徒組成的團體。
當一群信徒人數增加，靈性成熟，表現出的**屬靈恩
賜**足以自我牧養，在社區作見證，並有足夠的資金
維持運轉，便可以向所屬區會申請組建地方教會。
在此之前，這群信徒可先與當地牧師或區會代表商
議，組織一個團體。當區會認為該團體已經具備組
建教會的條件時，就要由一位區會代表召集會眾，
主持建立地方教會的事宜。

❷ **區會**（The local conference/field/mission）：是在特定
區域內，由各教會聯合起來而組建的組織。

❸ **聯合會**（The union conference/mission）：是在一個更
大的區域內，由各區會組建的組織。

❹ **全球總會**（The General Conference）：最高層級的組
織，總部設在美國馬里蘭州銀泉市。全球教會從組
織上分為若干分會，擁有各自制定的區域，代表全
球總會在各分會進行管理及領導的服事工作。

　　各機構——本會組織架構從創立開始就包括教育、衛生保健（健康照護／照顧）、文字出版和其他方面的機構。各機構雖是獨立運作，但也具備實現教會使命的重要作用。

　　全球總會的權柄——全球總會的代表大會，以及代表大會休會期間行使權力的執行委員會，是管理全球教會的最高機構。「我們絕不要以為一個人或少數幾個人就具有足夠的智慧和能力，來管理工作、籌定計劃。當召開全球代表大會，由來自各地的弟兄姐妹們聚集作出決議，理當放棄自恃心理和個人見解，不應固守己見。」（《證言》卷九，原文第260頁）

　　資金——基督復臨安息日會作為一個全球性組織，必須依靠有效的財政制度來開展工作。信徒們將當納收入的十分之一（瑪3：10）捐給教會，這便是教會的大部分資金來源。區會將收取大部分的什一用於支援本地區內的福音工作，另外將一部分的什一送往上層組織以支持全球的救靈工作。這種在地方教會分享資金的方法，源自於信徒們對於教會在全球佈道使命的委身。地方教會也可從其他各種樂意捐中獲得更多資金來源。

四、教會長老的重要性

　　「長老」一詞在舊約中出現的次數比在新約中更多。無論是在教會或是會眾當中，這些長老都忠心耿耿地引導上帝的子民，努力協助向世界傳道的工作。

舊約時代的長老——舊約中「長老」一詞是指在家庭或支派中擔任領袖的人。當摩西獨自承擔領導以色列人的全部責任時，上帝藉著他的岳父葉忒羅對他說話：「你這做的不好。你和這些百姓都必疲憊；因為這事太重，你獨自一人辦理不了。」（出18：17-18）上帝透過以色列早期歷史中的這個經驗，教導祂的子民，領袖的權柄應當分授他人，領袖的責任必須共同分擔。

「耶和華對摩西說：『你從以色列的長老中招聚七十個人，就是你所知道作百姓的長老和官長的，到我這裡來，領他們到會幕前，使他們和你一同站立。我要在那裡降臨，與你說話，也要把降於你身上的靈分賜他們，他們就和你同當這管百姓的重任，免得你獨自擔當。』」（民11：16-17）

「當摩西揀選七十個長老與他同負領袖責任時，他謹慎地揀選那些具有尊嚴、明斷、與經驗的人作他的助手。在他選立這些長老向他們致辭的時候，他說明了一個在教會中作聰明管理的人所應具有的某些資格。摩西說：『你們聽訟，無論是弟兄彼此爭訟，是與同居的外人爭訟，都要按公義判斷。審判的時候，不可看人的外貌；聽訟不可分貴賤；不可懼怕人；因為審判是屬乎上帝。』」（《使徒行述》，原文第94頁）

新約時代的長老——在新約《聖經》中，「長老」和「監督」是可以交替使用的（提前3：17；多1：5-9）。這一稱號不僅顯現

出了領導者的年紀，還說明了其作為會眾屬靈榜樣的身分（彼前5:1-3）。新約教會中長老的職務顯然是從猶太人長老的職務中承襲而來，並擁有相似的權威。

基督教會從一開始設立就有長老事奉。在西元44年，耶路撒冷的教會中就有長老（徒11:30）。保羅在他的第一次佈道之旅，「在各教會中選立了長老」（徒14:23）。長老與使徒一同管理教會（徒16:4）。他們也被稱為監督（徒20:17，28），在屬靈上看顧會眾，實施管理，並給予教導（多1:9；雅5:13-15；彼前5:1-4）。

新約教會中有兩種領袖：

❶ **使徒**：常常巡迴傳道，負責教會中全面的指導、籌劃、管理和佈道工作。

❷ **長老**：也是平信徒，在所屬的當地教會中擔任領導職責。平信徒長老運用他們的屬靈恩賜來領導教會，並為當地教會提供力量與方向。

基督復臨安息日會的長老——隨著基督復臨安息日會的歷史向前推進，地方長老的工作範圍也在不斷發展。最初教會只選舉執事而不選長老。在1854和1855年，貝約瑟（Joseph Bates）和弗里斯比（J. B. Frisbie）在文章中提到了兩類教會領袖——一類是在多個教會之間巡迴牧養，另一類是只專門牧養一

個教會。到了1861年，拉夫伯勒（J. N. Loughborough），摩西‧赫爾（Moses Hull）和康奈爾（M. E. Cornell）被要求對《聖經》中教會組織的模式進行研究。他們的結論是：《聖經》中明確要求地方教會要有選舉並任命長老與執事。

1874年，巴特勒（G. I. Butler）寫到長老是教會的主要領袖，但長老的權力需要受到限制，因為擁有最終決定權的是教會全體信徒。1875年，教會決議通過長老應當肩負拜訪積極和消極教友的責任，另外，在牧師缺席的情況下，可以主持聖餐禮，以及召集事務會議。近年來，全球教會已經同意，在各分會委員會批准及地方教會通過的情況下，男女皆可擔任地方教會的長老。

「長老必須是全體會眾所公認為堅強有力的屬靈領袖，無論在教會內外，都要有好名聲。在牧師缺席的情況下，長老就是教會在靈性上的領袖，必要在教訓和行為上引導會眾獲致更深入、更豐盛的基督徒經驗。長老應當有能力主領教會的各種聚會，當牧師不在的時候也能講解《聖經》和要道。」（《基督復臨安息日會教會規程》，原文第73頁）「如果牧師缺席，教會的長老應向區會會長請求安排，為那些願意加入教會的慕道友舉行浸禮。」（《教會規程》，原文第75頁）

「作為屬靈領袖，長老有責任鼓勵教友加強個人查經和禱告的習慣，從而建立自己與耶穌的關係。在查經和禱告的事

上，長老有責任以身作則。當每位教友成功建立個人的禱告生活，他們便支持教會的事工和活動，這樣就會實行教會的使命以擴展聖工。」(《教會規程》，原文第75頁)

教會有賴於長老的服事——在基督復臨安息日會中，安息日時在各地教會進行講道和崇拜服事的長老都比牧師多得多。小型教會通常會與姐妹教會共用一位牧師，當牧師不在時，就由當地教會長老來主持工作。即便是擁有全職牧師的一個教會，或是規模已大到有協助教會多種牧養工作的牧師團隊，教會和信徒的需要仍無法全靠牧師來滿足。只有藉助地方教會長老們的忠心服事，教會才會興旺發展。

基督復臨安息日會正在迅速發展，許多教會缺乏服事人員。在這種情況下，在一些範圍較大的地區可能會出現一位牧師牧養多個教會的情形，輪流探訪每間教會就需要牧師花上兩三個月的時間，所以教會的健康發展著實離不開地方教會長老的忠心服務。

各級教會組織的傳道協會，可利用書籍和各類電子資源對地方教會長老進行支持和培訓，並與教會各部門的相關人員通力合作來提供幫助。其宗旨是要培養堅強可靠、樂於奉獻、以見證為導向、滋養靈命的牧師和長老團隊，提供教會所需要的屬靈引導。其資訊可至網址：www.ministerialassociation.com聯繫總會傳道協會。

　　傳道協會所出版的幾本刊物，如《長老文摘》（Elder's Digest），旨在協助長老及其他教會領袖。我們鼓勵長老們訂閱，也建議各聯合會、區會為長老免費訂閱這份雜誌。另一份《傳道》雜誌（Ministry Magazine）對牧師和長老的傳道工作有所幫助，可至網址：www.ministrymagazine.org.訂閱或免費索取。有關傳道工作其他資料可向各機構的傳道協會索取。

長老手冊
Elder's Handbook

第 2 章

長老的呼召和資格

THE ELDER'S CALL AND QUALIFICATIONS

一、呼召、選舉和按立

上帝呼召我們「出黑暗入奇妙光明」（彼前2：9），就是要呼召我們走出以自我為中心的過去，進入上帝的國度服事；這呼召是要人們在祂的教會中擔任傳道的工作。基督徒承擔著祭司的職分，蒙召是為了服務教會內外的人們。長老和教會的所有成員一樣，是蒙上帝的呼召來從事傳福音的工作。長老的任職有兩種途徑：

❶ 他們蒙上帝的呼召。
❷ 他們被會眾選舉出來。

蒙上帝呼召——擔任長老的呼召首先是出自於上帝的，然後教會承認長老具有領袖的恩賜，並選舉他們擔任聖職。上帝賜予他們必要的恩賜，並藉由引導教會選舉來創造機會。長老們若認識到自己的呼召出自於上帝，就更能充分瞭解他們所擔負的領導責任是多麼重要且嚴肅。

被會眾選舉和按立——已接受按立的長老，若沒有經過會眾選舉，就不能在教會中擁有正式的職務和權威。對於那些垂涎這一職位，妄圖藉此擴大個人影響及權威的人，不可授予其長老的職位。不可因為某些人已在社區中擔任要職，或是生意做得成功，抑或是捐給教會大筆資金，就推選他們擔任長老一職。教會要選擇那些已顯明出自於上帝呼召，並具備必要能力的人為長老。

根據教會所規定的服務年限，長老的任期通常為一年或兩年。教會有權決定在其任期結束時，是否要再次推舉其擔任長老職務。未能當選的長老在教會中不再擁有職權，不論之前其地位如何。

二、職責說明

根據世界各地教會不同的需要和規模，長老的職責也有所差異，因此很難一言以蔽之，加上長老們的工作環境也各不相同。因此，長老的職責主要由五種因素決定：

- 會眾的規模大小
- 牧師是否出缺
- 牧師的計劃需要長老參與
- 長老的屬靈恩賜
- 長老是否願意服事

下列介紹的是長老在各教會的一般職責，接著講述在小型或大型教會服事的長老，在職責上有何具體差異。

一般職責說明——《聖經》並沒有對長老的職責作詳細描述。關於新約教會組織的經文出現「長老」一詞的時候，我們甚至無法明白它當時的確切含義。有時指一位長者；有時指使徒中的一員（約貳1：1）；而有時又指那些使徒以外的地方教會領袖（徒15：2，4，6）。將新約《聖經》中所有關於長老的經文

綜合起來，可以對地方教會長老的工作有大致的瞭解：

❶ 長老由各教會選立（徒14：23）。

❷ 他們備受尊重（提前5：17，19）。

❸ 他們肩負著重要的領導及管理責任（徒15：2，4，6，22–23）。

❹ 他們負責禱告事工，並為病人做抹油禱告（雅5：14）。

❺ 他們要做教會的牧者、監督和榜樣（彼前5：1–4）。

長老的職責應當包括以下方面：

屬靈的引導。 長老應受到會眾的尊重，有良好的表達能力。對於長老來說，雖然口才和預備證道的能力實屬寶貴，但聖潔的生活和屬靈的領導能力則更加彌足珍貴。長老應當「無可指責，只作一個婦人的丈夫，有節制，自守，端正，樂意接待遠人，善於教導，不因酒滋事，不打人，只要溫和，不爭競，不貪財」（提前3：2–3）。這個教導並不是要求長老必須結婚，因為當時說這話的保羅本身也沒有結婚。它所指的是一夫多妻的問題，說明長老不可以娶多位妻子。

全面的監督。《聖經》教導早期教會中的長老要作「監督」（徒20：28），來牧養上帝的教會。從定義上講，作為監督，不是所有的事都要親力親為，而是要時刻密切關注著教會的所有成員及活動。長老要引導、鼓勵、支持其他教會職員。

　　要成為好的監督，長老就不可轄制所牧養照顧的人，而是要使他們也參與決策的過程。長老要使教會各委員會和信徒們共同參與制定計劃、選定職員、培訓，以及指導整個教會各項工作。長老致力於分享福音，為教會樹立具有挑戰性的異象，並在所處社區及全球教會中推行拓展計劃。他們要在敬拜服事中擔任領導責任，並應牧師要求或在牧師無法出席的情況下，主持「堂董會」（編按：2006年版《教會規程》稱之「教會職員會」）和「事務會議」。

　　牧養。作為牧者，長老應牧養、照料羊群，他們要對每一位教友予以關心。對於病人、灰心的人和遇到難題的人，長老要勸慰、鼓勵，並為他們禱告。長老應覺察會眾的特殊需要，比如將聖餐帶給那些不便外出的教友。長老也要參與預備新教友受洗的工作，要為他們創造一個門徒培訓的牧養環境。

　　小教會長老的職責。小教會長老的職責不同於大教會長老的職責。主要原因並不是由於教會規模的大小，而是因為小教會不常有專職牧師進行服事。

　　小教會的長老幾乎必須擔負起教會所有的管理工作，牧師只提供一般性指導。長老或許要定期講道、與牧師協商、邀請其他講員來證道。各層級教會組織的傳道協會辦公室會可提供資料，協助長老們預備講道。小教會的長老通常需規劃並帶領敬拜活動，包括舉行聖餐禮。他們的職責可能包括在牧師不在

的情況下召集並主持堂董會或事務會議，組織並參與探訪教友的工作，特別是那些不常來參加聚會的人。長老們要對教會的佈道計劃進行監督，幫助會眾進行管家財務課程的培訓工作，並監管教會財務。長老們有責任確保教會各部門正常運作，並將教會各部門、牧師、區會或傳道部辦公室的計劃，傳達給會眾知道。長老們的職權和職責範圍非常廣泛，但應在牧師的指導下，並有堂董會的諮詢基礎上開展工作。

大教會長老的職責。隨著教會人數的增長，通常需要有更多的長老進行服事。小教會的長老們通常會被不斷接踵而來的各樣挑戰，壓得喘不過氣來，而大教會的長老們則需要獲得清晰的指示來執行具體任務。大教會裡，長老們應組建成一個長老團隊，才能對教會的各層面及需要進行監督。

長老團隊。長老之職是一個必須實際做工的職位，而非榮譽名稱。其宗旨是為了服事教會，而非追逐地位或權力。長老們是堂董會的成員，另外也可組成一個長老委員會。長老委員會就像是一個眼觀四面、耳聽八方的觀察者，他們會發現教會的需要以及在服事教友和社區時應採取的方向，並向牧師提出建議。長老名額的多寡，取決於會眾的規模以及需要長老們承擔的具體任務大小。

長老團隊的每一位成員均應專門負責一個或多個企劃小組，例如佈道會議、敬拜委員會、安息日學會議，或是青年事

工委員會。每位長老都須參與，並對教會對外的拓展事工負責一項具體工作。最重要的工作之一，就是要想方設法尋回已失落的冷淡信徒。

首席長老。若教會有多位長老，則應由其中一位擔任「首席長老」（The first or head elder）的職位。首席長老是牧師的特別助手。在牧師的指導下，組建長老小組，並為其他長老分配具體任務。堂董會或事務會議的主席，通常是由首席長老擔任，但這不是絕對的，它並非是首席長老的責任。

三、資格

長老作為教會行政管理的首要領袖，擔負起領導的責任。其屬靈生活、個人生活及品格都必須是無可指摘的（多1：6）。他們的頭腦必須清醒冷靜，行為有禮節，同時他們也必須熱情好客，樂於教導。作長老的，「不因酒滋事，不打人，只要溫和，不爭競，不貪財」（提前3:2-3）。

獻身給基督——美好的靈性若想要在公眾身上產生影響，就必須先在個人身上產生果效。使徒們在事工上之所以取得成功，很重要的一點就是他們所說的：「我們將所看見所聽見的傳給你們，使你們與我們相交。我們乃是與父並祂兒子耶穌基督相交的。」（約壹1：3）同樣，長老們在對教會的領導和服事中所分享的，正是來自於他們與救主之間建立的個人關係，只有藉著禱告、研讀《聖經》和運用聖靈的恩賜方能達成。「你自

己若不先因基督的恩典降卑、感化、馴服，你就不可能發揮改變別人的影響力。」(《佈道論》，原文第459頁)

若沒有屬靈的層面，那麼教會的領導工作就只是在運用心理學技巧、組織方法和精神鼓勵上發揮作用。不是說這些技巧和知識沒有用，而是它們若不出於個人與基督之間的屬靈關係，那麼這些工作就無法滿足福音的呼召。

掃羅向來所行的，在他看來是出於為主大發熱心，實則違背了上帝的呼召。後來他在去往大馬士革的路上見到有關基督的異象，不禁發問道：「主啊，祢要我做什麼？」(徒9：6)這段經歷促使他成為教會領袖，但這一切都必須在他完全順服上帝之後才能完成。

每日的獻身。獻身、深刻的屬靈經驗和堅強的道德力量，是基督教領袖所應當具備的品質。這絕不是與生俱來或一蹴而就的，而是源自每天與耶穌的親密交往。長老必須堅持不斷地每天花時間研讀《聖經》、默想禱告。基督教領袖必須過著完全獻身於主，與主天天交通的生活，方能指望有力量按著上帝的旨意引導信徒。

耶穌也需要與祂的天父交往，從而獲得新的力量與指導。「早晨天未亮的時候，耶穌起來，到曠野地方去，在那裡禱告。」(可1：35)耶穌已經習慣每日清晨花幾個小時作個人的

祈禱（太14：23；可6：46）。耶穌的靈修生活應作為今日所有基督教領袖的榜樣。

時間的奉獻。長老們需要隨時待命。除了各種計劃和活動之外，他們隨時都會遇到需要克服的挑戰和服事的機會。長老在接受這一職務的時候，就必須願意且能夠每週至少撥出數小時的時間。當長老無法完成每一項任務時，不可要他們妥協去做完，而使他們的家庭和個人生活受到損害。

做信徒的榜樣——教會選舉、按立長老，並不是僅僅為了做教會的工作，而是要他們表現出基督的品格。基督的教訓反映在祂的生活中，這是祂的教導如此有力的秘訣。教會長老若呼召其他人做什麼，自己也必須做到，希望教友相信什麼，自己也必須相信，想要信徒怎樣愛基督，自己也必須怎樣愛祂。長老應該像保羅一樣宣告：「你們該效法我，像我效法基督一樣。」（林前11：1）他們應當活出基督教的精神。雖然他們並不完美，卻要效法基督——做堅持原則的人。

《聖經》為教會長老樹立了很高的生活標準。葉忒羅勸摩西選擇那些「敬畏上帝，誠實無妄，恨不義之財的人」（出18：21）。同樣，早期教會中的長老應該是「公平，聖潔自持；堅守所教真實的道理，就能將純正的教訓勸化人，又能把爭辯的人駁倒了。」（多1：6-9）

「那些被任命照看教會屬靈利益的人應當注意留下好的榜樣，絕不可有嫉妒和疑惑。要時常表現他們在弟兄中所宣導的仁愛，尊重他人和禮貌的精神。」（《證言》卷五，原文第241頁）

維護教會的信仰。「你們所講的，總要合乎那純正的道理。」（多2：1）長老不可公開發表你的問題或疑惑，以免動搖所引導之人的信心。若有問題，應當與牧師或其他可靠的領袖進行私下討論。教會選舉長老是要維護教會的，因此他們的教導必須純正，並以基督為中心。

保持牢固的家庭關係。長老應當「好好管理自己的家，使兒女凡事端莊順服」（提前3：4）。雖然長老的家人在與上帝和教會的關係上有自主選擇權，長老不能對他人的選擇負責，但領袖的家庭會對教會產生巨大影響。

教會長老必須在個人生活及教會大家庭的生活中成為模範。那些帶領家人彼此之間快樂和諧，並與上帝建立親密關係的人，更有可能在教會家庭中培養同樣的關係。「基督教向世人提供其表現力量的最大證據，就是有良好秩序和有教養的家庭。這個證據對真理的作用是其他事物所不能與之相比的，因為它是表現真理實際作用於人心中的活見證。」（《復臨信徒家庭》，原文32頁）

道德純潔。「要在……清潔上，作信徒的榜樣。」（提前4：12）長老必須避免言行失當及不適當的關係。他們必須要意識到自己易受誘惑的弱點，以及他們的選擇對家庭和個人的生活造成的影響。若有教友諮詢有關親密關係的問題，長老需謹慎行事，要在靈性上保持堅固，視通姦為罪惡，否則不僅會得罪自己和家庭，也會得罪上帝。

克服種族偏見。基督徒的愛消除了分裂世人的藩籬，例如種族主義和偏見。「並不分猶太人，希臘人，自主的，為奴的，或男或女，因為你們在基督耶穌裡都成為一了。」（加3：28）若上帝是人類的天父，那麼每個人都是同一個大家庭的一分子。在上帝的家中，家庭的和諧關係並不關乎性別、膚色、種姓、種族、語言和國家。

在奉獻上以身作則。忠心繳納什一和其他奉獻能夠鼓勵教友們成為上帝的好管家。不忠心繳納什一的人不應被選為長老。如果長老不能以身作則，就不能期望教友們能夠忠心繳納什一和樂意捐，來支持當地教會和世界教會的聖工。

勇於承認錯誤。對於那些坦率、誠實承認自己犯錯的領袖，教會更應傾向於對他們表示寬恕和原諒。認罪不是要告訴上帝祂不知道的事情，而是要讓我們認識到自己的失敗之處。當我們這樣做時，祂就白白赦免了我們的過犯。在教會中也是如此，教會更願意原諒凡知道並承認自己錯誤的人。這並不是

說，各人的大小過犯都要公諸於世，但是與教會生活相關且牽涉公眾的問題，應當以開誠佈公的方式予以處理。

信徒的領袖——給予上帝的子民方向和指引，並使他們能同心協力完成上帝旨意的能力，這就是領導的恩賜，而這同樣也是教會長老們特別需要的一種恩賜。

*關愛教友。*倘若教友對領袖沒有信心，那麼要引導他們去愛基督幾乎是不可能的。要愛世人，這一點非常重要，也很容易理解。但是去愛有些人真的不容易。雖然長老必須看清人的本相，但也不應忽略他們在上帝的恩典中能成為怎樣的人。

當耶穌看到大批的群眾時，「祂就憐憫他們，因為他們困苦流離，如同羊沒有牧人一樣」（太9：36）。耶穌憐憫人，不僅是同情他們的處境，還會想辦法解決他們的痛苦。因此，長老也應當接受人們的不完美，並且幫助他們在屬靈上成長。有時會有一些教友不那麼可愛或不討人喜歡，但這就好像病人待在醫院裡，這樣他們才會康復，而那些不可愛的人就是要待在教會裡，在教會裡他們可以學著去愛。

教會領袖有時會遭受到辱罵、批評、誤解或冤枉。基督徒的愛要真正能夠原諒那些施暴者。若是長老還能熱情地招待教友，並接待非信徒和訪客，那麼許多潛在的嚴重問題便能消弭於無形了。

共同攜手做工。儘管自我的個性會使我們傾向於按自己的方式做事，但請不要忘記，其他人也許有更好的做事方式。完成工作的方式固然重要，但更重要的是，要確保我們的努力和資源不會被白白地浪費掉。幫助信徒們共同攜手做工是長老最重要的領導特質之一。

與信徒協商。剛愎自用的領導風格往往會遭到信徒抵制而非合作。當教友們都參與時，教會的目標和任務就會更容易進行和完成。

服從領袖。不願服從領袖的長老，也無法領導教友。「人若隨自己倔強的個性而行，不肯與其他在上帝聖工中富有經驗的人並肩合作，就必因自恃而致盲目，不能分辨真偽。選派這樣的人在教會中作領袖，乃是很不妥當的。」（《使徒行述》，原文第279頁）

幫助信徒發揮作用。對於每個人來說，世界上最重要的工作就是上帝要他做的工作。上帝呼召所有人──每個教會的每位成員──來做服事的工作。長老應當扮演協調和促進的角色，幫助教友們充分發揮其屬靈恩賜。

除了幫助信徒們發現和瞭解他們的屬靈恩賜外，長老還應當訓練他們使用這些恩賜。有教導恩賜的長老在這項工作上會更加擅長。如果他們感覺無法勝任，也可以邀請其他有組織能

力的人來完成這項任務。以這種方式領導，教會就被組織起來支援事工的發展，教會中每個人的恩賜也能得到運用。

四、按立

按立的目的——《聖經》中有關按立的內容表明，按立「乃是受命擔任一定職分的認可儀式，藉以承認某人在該職分上所有的權柄。」（《使徒行述》，原文第162頁）

隨著新約教會的不斷壯大，更多的人被教會推舉擔任不同的領導職務。除了為擔任特別且無法替代的工作而專設的十二使徒之外（可3:13-14;《歷代願望》，原文296頁）。《聖經》還記載了三種擔任聖職的人員：

---

❶ **牧者**：做傳道、教導、培訓、裝備、主持按立儀式，牧養會眾的工作（提後4:1-5）。

❷ **長老**：做引導、照顧地方教會的工作，是教會各項事務的監督（徒20:17，28）。

❸ **執事**：照料教會及教友在物質方面的需要，並在教會的慈善工作中給予特別引導（徒6:1-6）。

擔任這三種聖職的人員都要經過按立，才開始在教會擔任特別的職務。基督復臨安息日會今天同樣遵循這一做法。

按立長老時，教會需要公開承認：

❶ 上帝呼召此人從事這項特別的工作。

❷ 上帝賜下必要的屬靈恩賜，使此人勝任這項工作。

❸ 教會承認上帝的呼召，表示願意接受此人的領導。

雖然按立並不會給接受聖職的人帶來特殊的能力，但賦予了受聖職者莊嚴的責任，同時也提供了會眾同心禱告、祈求上帝賜福於長老工作的良機。從特別的意義上講，接受按立意味著那些受聖職者成了上帝引領祂子民的代理人。因此，按立不應隨隨便便地接受或授予，教會應當充分認識到上帝賦予其領袖的神聖領導及權柄。

長老應在品格上做榜樣。但請記住，凡上帝所要求我們的，祂必定給予我們所需的能力來完成。在選擇長老的事上不應操之過急，因為選擇的標準很高。按立長老應當謹慎祈求，不可草率行事。「在我們有些教會裡，組織並任命長老的事，往往操之過急；沒有遵行《聖經》上的規律，以致教會常常遭遇許多苦惱和麻煩。我們不該那樣急促地選舉和按立領袖，授職給那些完全不配負這種責任的人。」（《證言》卷五，原文第617頁）

按立的先決條件——按立長老的先決條件包括蒙上帝呼召和經地方教會選舉。無需經過區會批准。那些接受上帝和教會的呼召去服事的人，需要仔細謹慎地在禱告中檢視自己的生活，以及與他人並上帝之間的關係。要改正錯誤，重新獻身給

基督和祂的教會。長老應有豐富的經驗，需經過精挑細選，一旦他們當選，就不應隨便拖延按立時間。

「人僅僅被選為長老，還沒有作長老的資格。他必須經過按手禮，然後才有權執行長老的職務。」(《教會規程》第八章) 按手授職予新長老以獲得教會的全力支持，並公開求聖靈祝福其領導的工作。新的長老最好要經過專門的培訓，但不應當把培訓看作是按立的必要條件。

按手禮——長老的按手禮既神聖又特別，同時也簡單明瞭。按手禮由已按立過的牧師主持，通常是區會持有傳道證的牧師，最好由本堂的專任牧師主持。本堂的其他牧師和長老可以從旁協助並參與服事。儀式應在該長老所服務的全體會眾面前舉行。

選擇適當的時間，通常是安息日上午聚會時，把預備按立的長老請到會眾面前。由牧師簡述長老的資格與責任，然後，牧師與接受按立的長老以及與會人員都當跪下。由牧師祈禱，求上帝悅納他們所作出的決定，認定是聖靈賦予權柄給這位蒙召受按立的長老。在禱告的時候，主禮牧師當按手在受按立者的頭上。其他協助的牧師和長老也可以參與按手。

禱告之後，與會者可以向被按立的長老獻上祝福和鼓勵的話。接受聖職的長老通常應邀在接下來的聚會時間一直留在臺

上，以表明其領導地位。

授予權柄——長老是會眾所指派作眾人監督的。區會也承認他們在地方教會中成為主要領導人的職分。按立是公開承認他們的神聖使命，要承擔起傳福音的工作。正如保羅和巴拿巴，長老們「早已蒙上帝親自委任，這按手禮並未加添什麼新的恩賜或實際的資格。這乃是受命擔任一定職分的認可儀式，藉以承認其人在該職分上所有的權柄。藉著按手禮，上帝的聖工就加蓋教會的印鑒了。」（《使徒行述》，原文第161–162頁）

長老有權主持教會的所有儀式——聖餐禮、兒童奉獻禮、葬禮——除了那些需要牧師祝聖的儀式，例如婚禮和洗禮。若是沒有牧師來主持儀式，長老可以請求區會安排洗禮。洗禮通常委派牧師主持，但有時區會會長也會授權長老來主持這一儀式。但長老不能主持婚禮，只可以從旁協助。

如果教會有牧師，那麼所有教會儀式通常都應由牧師來主持大局。《教會規程》規定了此類教會儀式的程式，《牧師手冊》則提供了更多細節。

按立是永久性的——除非長老因背道或行為不端而失去資格，否則長老的身分終生有效。日後他們在本堂或其他教會擔任同一職務時，無需重新按立。若被選為執事，則可以不需要再重新按手擔任此職。

「是在某些情況之下，區會有必要指派一位教士在一間或幾間教會擔負堂主任或助理堂主任的工作。為了能讓教士行使牧師的某些職能，其所服事的一間或幾間教會必須先選此牧者做當地長老。」（《基督復臨安息日會教會規程》，原文第33頁）

權柄的限制——長老的權柄受到地方教會選舉程序的限制。只有經過教會選舉，方能擔任長老一職。長老的職位僅限於當地的地方教會。

- 只有地方教會可以選舉長老。
- 一般情況下，由地方教會的牧師進行按立。
- 長老要當著所服事的會眾面前接受按立。
- 按立後，他們的權責只限於選舉他們的當地教會。但在某些特殊情況下，若有其他教會選舉他們為長老，他們便可以為一個以上的教會服務。

長老的權柄受到他們對牧師、堂董會和事務會議之責任的限制。他們應將自己視作牧師的幫手，要在牧師的指導下工作。遇到重大問題，要與牧師商議，如有必要，提交堂董會，而非由長老獨斷專行。重要的決定，如接納或開除教友，需經教會全體討論。由區會指派擔任牧師職分的教士，在教會中具有牧養教會的領袖之職權。

第 **3** 章

崇拜聚會

THE WORSHIP SERVICE

　　牧師若不在，長老就有責任帶領安息日的崇拜活動。這就需要清楚公眾崇拜的含義。許多教會往往會保持相同的崇拜順序，年復一年地使用同樣的詩歌、同樣的形式。帶領崇拜的人可能對此有所認知，並尊重因文化、地域的不同產生的不同崇拜方式，卻又心懷怯意不敢改變其方式來適應社會變化。長此以往，教會可能會因不願改變而喪失其影響力；但有時卻因為一昧追求變化，沒有理解並保持崇拜獨特的宗旨而失去其應有的立場。

　　公眾崇拜——作為基督的身體聚集可以有許多種表達方式，無需拘泥於一種形式、文化或表達風格。但是，強迫會眾接受他們不喜歡或是感覺不舒服的改變並非明智之舉。同時也必須認識到，拒絕適應變化可能會對那些在崇拜中尋求新選擇的人產生類似的影響，比如多種音樂、《聖經》譯本或是個人服飾或禮儀的選擇。出於多種不同的原因，同一地區的教會可能會有不同的形式或風格。但當某個特定地區只有一個教會時，那麼教會應當更加靈活，儘量滿足各種需求和喜好。

一、什麼是崇拜？

　　崇拜不僅僅是一種活動——在進行會眾崇拜前，必須先有個人的崇拜。保羅在寫給羅馬人的書信中告訴他們應當將「身體獻上，當作活祭，是聖潔的，是上帝所喜悅的；你們如此事奉乃是理所當然的。」（羅12:1）。信徒不應當將崇拜僅僅局限

於群體的經驗。崇拜應當貫穿於信徒們每一天的生活當中。當安息日接近結束的時候，信徒就應當盼望著下一個安息日，在接下來的六天專心預備，以迎接新的安息日聚會。

最基本也最重要的，崇拜是一種生活方式──教會領袖們應當先將崇拜奉為一種生活方式，其次才是一種活動。當牧師、長老和其他教會領袖表現出崇拜的生活，教友也這樣行，那麼所帶來的結果，就是在安息日的早晨、週間的服事以及其他信徒聚會的任何時間，上帝都會從那些真正愛祂、敬畏祂的人那裡得到發自內心深處的深切頌揚。

崇拜是與上帝相遇，因此聚會時必須考慮周到和敬虔。崇拜聚會的聽眾是上帝，而非會眾。聚會的形式和功能是要讓崇拜者擁有與上帝的連結。

「基督徒可從地上聖所具有的神聖性質中，學習應如何重視上帝與祂子民相會的地方……住處乃是家庭的聖所，密室或林間，則是個人崇拜最幽靜的地方；但教堂卻是公眾集會的聖所。關於崇拜的時間，地點和態度都應有一定的規則。凡屬神聖的事物，或有關崇拜上帝的事物，絕無一樣可用漠不關心或冷淡的態度對待之……人們進入教堂時，若對上帝存有真正的恭敬，而且謹記自己是在上帝的面前，就必在肅靜中生出一種甘美的感化力。」（《證言》卷五，原文第491–492頁）

崇拜是要表達對上帝的愛慕——「上帝是個靈,所以拜祂的,必須用心靈和誠實拜祂。」(約4:24)因此崇拜時更需注重的是崇拜者的態度,而非聚會的形式或程序。崇拜時應安排時間表達對上帝的愛慕,要留出時間以敬畏之心來體會祂的偉大與全能(詩95:3-5)。可以透過唱詩、禱告和讚美來表達對上帝的崇敬(詩95:1-2; 96:1-6)。這樣的愛慕肯定了上帝的良善,承認祂的配得,尋求祂的恩典,看到祂的臨格(啟4:11)。我們的崇拜若以基督為中心,就必自然發出讚美和感謝來(詩33:1-3; 啟15:2-4)。

輕率的情感表達無法傳遞出真正的崇拜,而毫無熱情的例行儀式,更會扼殺參與崇拜的個人和群體本應享有的喜悅與熱愛。避免極端情緒的表達是正確的,但我們也不能因害怕過分表達讚美與感恩而使我們的崇拜缺乏情感的流露。崇拜要在讚美、屬靈、真理和智慧之間達到平衡,「因為父要這樣的人拜祂。」(約4:23)

崇拜是宣告上帝的話——公眾崇拜為宣告上帝的話語提供了機會。耶穌慣常在安息日來到會堂宣讀《聖經》,然後進行解經(路4:16-21)。同樣,保羅在帖撒羅尼迦也如此行,「本著《聖經》與他們辯論。」(徒17:2-3)

宣講包括學習上帝的話語,更加認識上帝所帶給我們的愛與喜樂。在這段時間裡,我們要銘記上帝過去的帶領(林前

10：11)，高舉基督的十字架 (約12：32)，明白藉著聖靈的同在與恩賜，我們能在生活與服事上榮耀上帝 (羅12:1)。

崇拜是為了復興──崇拜應該帶來復興。它包括反思、禱告與默想 (太6：7-13)。這是為眾聖徒祈禱的時刻 (弗6：18)，是悔改並尋求基督饒恕的時刻 (賽57：15；徒2：38)，也是在基督裡得著完全與安息的時刻 (太11：28-30)。崇拜果效的最佳表現就是投身於服務他人的工作中。

二、公眾崇拜

崇拜是團契──雖然我們個人私下可以崇拜上帝，但作為教會的一員，參加公眾崇拜對維持基督的身體 (即教會) 的力量至關重要。上帝既接受我們作祂的兒女，也鼓勵我們與其他信徒共同崇拜祂，上帝稱這個群體為基督的新婦。「當用各樣的智慧，把基督的道理，豐豐富富地存在心裡，用詩章，頌詞，靈歌彼此教導，互相勸戒，心被恩感，歌頌上帝。」(西3:16)

在公眾崇拜中彼此分享，會給基督徒的發展帶來力量。崇拜者需要得到上帝的接納與仁愛的保證。這種正面的力量透過帶領崇拜服事者的態度就可以傳達。信徒們也需要彼此交接，體驗一種在教會大家庭的歸屬感。

教會中冷漠刻板的氣氛會扼殺崇拜的影響，並把人從教會逼走。要選擇有接待恩賜的信徒來迎候前來崇拜的人。長老和

教會領袖應注意那些看起來與其他崇拜者不太合群的人，要鼓勵信徒熱情歡迎那些與他們同來崇拜的人。

崇拜需要人人參與——鼓勵教友參與崇拜服事，可以增強教會的社群意識。會眾——青年、婦女、男士和兒童都有許多機會參與崇拜：唱詩、禱告、奉獻、啟應經文以及個人見證。此外也可以邀請孩子們來講兒童故事，或鼓勵有音樂天賦或對音樂感興趣的教友加入唱詩班或其他音樂團體。

新教友受洗後，應公開歡迎他們進入教會。新遷入的教友也應享受同等禮遇。記住教友的結婚週年紀念日、生日和其他特殊的日子，是另一種方式來表達他們是教會大家庭所珍視的一份子。

崇拜需要計劃——有意義的崇拜並非自然發生的。崇拜服事需要各種活動的協調，以及大家群策群力。在禱告中有規劃的崇拜，加之精心策劃的節目，會讓參與者及會眾有如沐春風之感。若節目中有尷尬的中斷和出現脫節的情形，會讓人感覺緊張，很難體會崇拜的喜悅。由於大多數人已經對精心組織策劃的媒體節目習以為常，所以若是教會的崇拜沒有安排好，會給人一種困窘局促的感覺。

許多教會設有崇拜委員會，配合牧師對崇拜聚會進行計劃和預備。委員會要確保所有參與者清楚自己的職責，並有足夠

的時間準備。教會牧師和長老應將輪值表發給參與者，註明崇拜服事中每個人的責任，並附上服事程序表。製作一份崇拜聚會節目單，包括崇拜的程序以及公眾感興趣的消息。

計劃應包括選擇適合的人員講道或帶領崇拜。被教會開除的教友或被解職的牧師不得主領禮拜。牧師不在時，負責此事的長老應依照執行。

三、教會事奉

「我們的上帝是一位慈愛憐憫的父親，不要把事奉祂看做傷心苦惱的事。崇拜上帝，參與祂的工作本是一件樂事。」（《喜樂的泉源》，原文103頁）所以參加崇拜和帶領崇拜都應當是樂事。安息日上午的崇拜聚會並無固定的順序或形式。不過除了講道之外，還有一些內容能讓崇拜更加有意義，因此計劃的時候應予以考慮。以下是對幾項崇拜內容的說明，實行時只要情況適合，可採取任何順序。

音樂——音樂具有強大的感化力，能使人的心提升到上帝面前，「我們讚美歌唱時，應當努力追求與天上的詩歌隊相和諧。發聲和歌唱的訓練乃是人人的教育中不容忽視的重要部分。在宗教的禮節上，唱詩與禱告同是崇拜的行為。」（《基督化的教育》，原文第62–63頁）當崇拜者歌唱的時候，詩歌作者的屬靈經驗就成了他們的祈禱。

　　為了能達到和諧的崇拜，音樂的主題儘可能配合講道的題目。聲樂與樂器演奏可以有條件的納入崇拜之中。音樂是崇拜者共同的語言，樂器及歌聲有助於吸引與會者進入崇拜的氛圍。雖然有些樂曲只需用樂器演奏即可有崇拜的果效，但歌詞中帶有屬靈信息的詩歌則對崇拜經驗更富意義。唱詩班在崇拜中是極大的祝福，但他們不應代替會眾的唱詩。「唱歌的能力是一種有感化力的能力。上帝希望所有的人都加以培養運用，以榮耀祂的名。」（《佈道論》，原文第504頁）

　　教會生活的報告──教會事工的報告嚴格來講不算崇拜，但如果運用得當，對會眾也是一種祝福。不過，在報告的長度和內容上很難掌控。它的目的是營造出團契生活的氛圍，預備會眾進入崇拜。報告除了說明先前的事工，也要宣佈未來的事工和活動的訊息。這段時間雖然不作募捐或籌款之用，但可提及教會的什一及奉獻報告。

　　教會若有崇拜聚會的單張，可將通知事項印在單張上，可避免報告過於冗長。倘若沒有單張或其他印刷品，可以提前將通知寫下來，以便控制時間。在設備允許的情況下，可以用影片呈現，在與會者開始崇拜時即可播放，也可以將其上傳至教會網站。當報告成為分享教會生活、喜樂關懷，服務崇拜的時刻，就可以創造出溫馨的團契氛圍。

　　宣佈崇拜開始──宣佈崇拜開始是為了召聚會眾，令其產

生崇拜的態度。可以使用幾節經文、簡短的邀請或祈禱作為開始。若有詩班，可用一首短歌作為邀請。會眾亦可輕聲應和來崇拜，或是加入祈禱。帶領崇拜的人在音樂進行中緩緩進入，並在會眾面前跪下。在宣佈崇拜開始時，可以邀請會眾站立，作為崇拜已經開始的提醒。

禱告──禱告時最好跪下。但是，心靈和思想的態度要比身體的姿勢重要得多。禱告的姿勢只是象徵性的。公眾禱告需要事先準備好，要表達出崇拜者的讚美、關注以及需要。公開禱告時有幾項內容應當注意。不過，也不是每次祈禱都必須包含這幾項。其順序也很重要，因為我們要對上帝顯出敬畏，尋求祂的恩典，在陳明我們的需要和願望之前，要感謝祂無限的關愛與供應。

在預備禱告時，注意以下事項：

- **提說上帝的聖名**：上帝的名是神聖的，應懷著恭敬與愛慕的態度提說祂的名。
- **讚美**：感謝祂是我們的上帝，以及祂為祂的子民所行的事。
- **悔改**：求上帝赦免我們以往的罪孽，原諒我們在服事上的虧欠。
- **獻身**：求上帝賜力量，以便未來能夠全然地服事祂。

> - **一般性代禱**：為上帝的工作、世界的領袖以及會眾代
>   禱，關注凡有特殊需要卻未曾言明的人，為他們所
>   面臨的財務問題、低落的心情或疾病代禱。
> - **特殊性祈求**：為特別的代禱事項、崇拜服事以及講道
>   人獻上祈求。
> - **結束**：奉耶穌的名結束禱告，藉著祂我們才有以禱告
>   來到上帝面前的權利。

祈禱若不精心計劃，容易使禱告詞變得冗長。在心裡起個大綱或是將禱告提前寫好有助於避免贅言。「一般禱告一兩分鐘就夠了。」（《證言》卷二，原文第581頁）

奉獻——奉獻是崇拜的基本內容之一。這裡不但是指錢財的奉獻，更是呼召人們獻上自己。簡短而敬虔地提出奉獻的呼召，邀請崇拜者來向上帝奉獻。「各人要隨本心所酌定的，不要作難，不要勉強，因為捐得樂意的人是上帝所喜愛的。」（林後9:7）雖然有許多信徒在崇拜的時間以外奉獻，但在崇拜時專注奉獻，鼓勵人們要在自己的財務上表現對上帝的忠心。

雖然在奉獻的呼召中可能會提到教會的具體需要，但重點還是要放在服事上帝的事上。在這神聖的委身中，絕不能有半點愧疚或窘迫感。這是教導「奉獻」這個基督教基本概念的良機。

　　兒童事工──和大人一樣，孩子們也是崇拜的一部分。許多教會專門設有兒童故事時間，通常會選擇在會眾面前舉行，孩子們受邀坐在一起聽故事。這一事工通常只針對2歲到8歲的孩子，大一點的孩子往往不願意走到教堂前臺聽故事。這一段時間必須要掌控好，通常五分鐘就夠了。

　　當教會將重點放在年幼的孩子身上時，年長的孩子有時會被忽略。其實有很多方法可以讓年長的孩子參與崇拜服事：

- 在講道中放一些能直接吸引他們注意力的插畫。
- 安排幾次專以兒童為主題的安息日聚會，如前鋒會日或基督教教育日。
- 在崇拜中安排兒童合唱團和音樂小組。
- 邀請孩子們讀經、禱告。學習這樣的經驗可以裝備他們，使其在未來能成為領袖。

　　讀經──所選的經文應與當日分享的主題相關。有時可以請會眾大聲朗讀經文。在那些提供公用《聖經》供會眾使用的教會，當所有人都讀同一版本的《聖經》時，這種方式會更加有效。若有投影設備，可將所選經文投射在螢幕上進行朗讀。教會若有崇拜聚會的單張或程序單，也可以將經文寫在上面。

　　採取啟應閱讀的方式，可以鼓勵聽眾參與。教會詩歌本中有各種主題經文，也可以另外選擇其他與當日所分享主題相關

的經文。可以透過邀請一家人輪流或啟應誦讀經文，以鼓勵家庭參與這項工作。要提前計劃，因為準備需要時間，這對於以打動人心的方式來呈現經文至關重要。

公開作見證——信徒們在生活中經歷了上帝特別的帶領時，應當鼓勵他們分享出來。一位教友幫助另一位教友的見證會特別顯現出益處。這樣的公開見證表現了上帝在教會大家庭中的能力及作為。最好用採訪的方式，既可以控制時間，也可以避免沉悶的背誦，讓整個服事失去吸引力。

會眾的參與——崇拜不是一件供人旁觀的事情。一般人對於崇拜的觀念是傳道人是演員，上帝在旁提詞，會眾則是聽眾。但是真正的崇拜是會眾作演員，傳道人在旁提詞，上帝則是聽眾。「大多數公眾崇拜包括讚美和祈禱，每一個基督徒都應參與到這種崇拜之中。」（懷愛倫，《時兆》1886年6月24日）

崇拜是參與。在安排事奉時，要考慮在適當的時段邀請許多信徒參與。這種參與不應當被集中在崇拜的某個時段，而是要在整個服事過程中體現出來。「我們各教會所流行單調的崇拜儀式需要改變。要引進活躍的酵，使我們的信徒可以沿著新的路線做工，並發明新方法。當這種死氣沉沉的單調局面打破以後，聖靈的能力就會在人心中運行。許多人就會開始熱心做工。他們以前除了袖手旁觀之外，從未想過別的事情。」（《給傳道人的證言》，原文第204頁）

四、崇拜的程序

公眾崇拜並不是在某一特定的時段，將一連串毫不關連的事情合併起來。崇拜的流程要有計劃，要協調每個環節使之成為一體，朝向同一個主題前進，並在會眾的回應中推向高潮。應當如此規劃，使教會朝著獻身方面有所進步。崇拜沒有固定的形式，但崇拜過程在結構上往往相似。

崇拜程序範例——下文列舉兩種可依會眾需要調整的程序範例。有關其他範例，請參閱《教會規程》。

較長的崇拜程序：

- **前奏：** 樂器演奏或會眾唱詩
- **歡迎：** 事工報告及致歡迎詞
- **開會詩：** 詩班獻唱、樂器演奏或會眾唱詩
- **宣告崇拜開始：** 可由會眾參與
- **禱告：** 通常請會眾站立，作簡短禱告
- **讀經：** 可用啟應經文
- **讚美詩：** 會眾齊唱
- **祈禱：** 以詩班、樂器演奏或會眾為回應
- **奉獻：** 呼召並解釋奉獻款項的用途
- **頌歌：** 會眾站立，以感恩禱告結束
- **音樂：** 證道之前的特別音樂或特別詩

- **證道：**整個崇拜服事主題的重點
- **唱詩：**獻身回應
- **祝禱：**希望、應許和鼓勵的簡短話語
- **殿樂：**若設備條件允許，以鋼琴或管風琴彈奏散會詩

較短的崇拜程序：

- **歡迎：**事工報告及致歡迎詞
- **開會詩：**會眾站立，靜默禱告
- **唱詩：**會眾仍站立
- **禱告：**包括祈求上帝同在
- **奉獻：**呼召並解釋奉獻款項的用途
- **證道：**整個崇拜服事主題的重點
- **祝禱：**若設備條件允許，以鋼琴或管風琴彈奏散會詩

五、講道

證道是基督復臨安息日會崇拜的中心——復臨教會源於對上帝話語的宣講。雖然證道內容並非崇拜的唯一焦點，但其中心基於《聖經》，使教會能在教義和宗旨中合而為一；並不是所有長老都需要定期講道，也不是所有的長老都有講道的恩賜，但對於那些經常或偶爾要在教會中作講道服事的人來說，下列指南會對講道有所幫助：

以個人經歷來講道——個人若沒有對上帝委身與事奉，單

憑口說是徒勞無功且令人沮喪的。當一個人學習《聖經》，並與上帝交通時，講道的內容便會自然湧現。講道的人若不被聖靈充滿，就沒有什麼能分享給別人了。講道有時就是分享個人經歷的見證。

以《聖經》為依據——「務要傳道。」（提後4：2）基督復臨安息日會的講道是以基督為中心，以《聖經》為基礎。故事、社會學和哲學可以用來闡明信息，使之清晰，並與聽眾的生活連結起來。倘若講道中不以《聖經》為基礎，就無法滋養靈魂，使信徒委身於基督以及祂的事工。《聖經》中的講道材料取之不盡、用之不竭。

根據《聖經》講道不是僅僅列舉許多《聖經》經文而已。同樣，它也不是為了尋找能夠與所分享內容觀點一致的經文，而斷章取義進行強解。

講道要與實際生活結合——《聖經》中所包含的真理原則與日常生活息息相關。要說明《聖經》怎樣論到當前的時代，救恩如何適用於當代的需要。在講道中要以上帝的話為主。在可能的情況下，參閱《聖經》注釋、懷愛倫注釋以及其他基督教作者的書籍，看它們如何將你要分享的經文應用在實際的基督徒生活中。利用時事、大自然和經歷，將你的講道與聽眾的生活聯繫起來。

　　積極正面的講道──人在得到救恩之前，必須先認識到自己是個罪人。可是，首次的呼召不是要斥責罪惡，而是宣佈救恩。成功的講道必定是以希望的信息為中心。「福音」的意思就是好消息。如果講的不是好消息，那麼就不是在傳福音。

　　要預備證道。倉促的預備無法帶給人好的證道。提前禱告、研究《聖經》、閱讀會讓預備的過程更容易，效果也更好。證道的題目需要印刻在講道人的腦中，給予充分的時間思考如何講解，如何應用於實際，這樣會使信息更加豐富。甚至是做其他事的時候，也可以在頭腦中思考證道的資料。儘早開始預備講章，以便減輕壓力，增加創造力。

　　組織講題要有邏輯。合乎邏輯的講道大綱分為三個主要部分：

❶ 引言是為了引起聽眾的興趣，並引入主題。主題就是證道的主旨，是聽眾需要理解的重點。

❷ 證道的正文部分是對主題的擴展，要有邏輯地闡述證道的主要教訓。每個教訓都應基於《聖經》，要加以說明或佐以指導實際應用說明。

❸ 結語部分要總結主題和教訓，引導聽眾作出委身於基督的決定。

　　說話要清楚。證道時口齒要清晰，這樣聽眾才能聽清並理

解。「許多人讀書說話的聲音太低，讓人聽不懂。一些人發音含混不清，還有些人聲音太高太尖，讓人聽著刺耳……經過勤奮的努力，所有的人都可求得清楚朗讀的能力，並用宏亮，清晰而圓潤的聲音，帶著明確而給人以深刻印象的態度說話。我們這樣行，就可大大增加作基督工人的效能了。」（《天路》，原文第335-336頁）

提前計劃。提前一年，或至少一季，制定講道和崇拜時間表。計劃需要從兩個方面考慮。列出過去曾經講過的題目，看看有哪些被忽略或過分強調的內容。接著，根據教會和年曆，以及會眾的需要，選擇並安排講道人和證道主題。

異端謬論不一定來自傳講假信息，很多時候是來自對福音的認識不完整或沒有平衡的表述。過分強調某一真理而忽略其他真理，就會導致這種情況。精心制定計劃會讓教導均衡，不僅榮耀上帝，也能滿足會眾屬靈的需要。牧師不在的情況下，長老有責任小心看守講臺，絕不允許未經授權、或企圖分裂教會、或使會眾誤入歧途的人佔據講臺。合理計劃的講道時間表，以及熟悉且得到會眾認可的講員，都有助於防範這類問題的出現。

第 **4** 章

教會的領導

LEADERSHIP IN THE CHURCH

一、牧師與長老同工

牧師和長老是事工上的夥伴。堂主任是團隊的領導者，給地方教會提供屬靈的幫助和指導，而長老是牧師在領導工作上的助手。牧師是由區會任命，要對區會負責。長老則直接由地方教會選舉，要對地方教會負責。他們都是教會領袖，協調教會所有活動。因此，牧師和長老關注之事和工作是一致的。有些地區教會數量眾多，使得牧師無法常常完全顧及每間教會，那麼負責的長老則作為牧師的代表，就教會事務與牧師保持聯絡。

由區會指派擔任地方教會牧師的教士，在被按立為牧師之前，要先經選舉並按立為地方教會的長老。他們作為地方教會的代表，在教會中擁有充分的權威。傳道人作為區會姐妹教會的代表，即使未曾被按立為牧師，長老們也應支持他們的工作。

牧師的角色——牧師的一項重要職責就是在實際的教會工作中訓練長老，授予委派任務且持續溝通來達成訓練。

培訓。除了要為福音工作裝備信徒外，牧師還必須培訓長老。雖然長老可能具備屬靈的恩賜足以應付工作，但他們可能缺少在神學、社會學、領導能力及教會管理方面的正規教育，這些通常是牧養訓練的一部分。這樣的訓練非常重要，尤其是對新按立的長老而言。區會辦公室特別提供了培訓材料及課

程，以作協助。傳道同工／幹事負責確保將這些課程及材料提供給長老們使用。以下是建議的學習課程及重點：

- **教會的組織和管理**
- **瞭解和識別屬靈恩賜**
- **教會增長**
- **關心新信徒**
- **帶領崇拜聚會**
- **講道**
- **探訪**
- **委員會的運作和帶領**
- **牧師和長老的團隊**

此類培訓的教材包括由全球總會傳道協會編輯的《長老手冊》。本手冊也是領袖研討會的大綱。

分責。責任的分擔和委派是教會架構不可分割的一部分，也是教會中屬靈恩賜的宗旨之一。任何試圖掌握所有權柄和責任的人，不僅高估了自己的能力，也會使教會有所虧損，阻礙了聖靈的工作，因為聖靈本是透過眾人的手和心去動工的。牧師的主要職責是要對教會內的人作屬靈的餵養和培訓，對教會外的人傳講福音；並與教會成員，特別是長老，分擔教會事工的領導責任。責任與權柄分享得越多，則教會在實現其使命的事上就越能成功。

溝通。團隊需要良好的溝通。定期召開長老會議對於出色的領導團隊來說非常重要。長老會議除了可以讓牧師和長老進行溝通之外，也是長老接受訓練、鼓勵以及各樣資源的機會。擁有多名傳道人的教會也可邀請首席長老參加其會議。

應在每月或每季定期舉行長老會議。在定期會議之間，若有緊急事項可另外召集會議進行處理。如果一位牧師需要牧養教區內的幾個教會，而彼此的距離又不算太遠的話，那麼整個教區的長老可以聚集一起，共同策劃和協調來幫助牧師的工作。並且可以舉行全區特別安息日聯合聚會，並在散會後召開長老會議。

在擬定長老會議議程時需考慮的事項：

- **個人的屬靈經驗**
- **委派長老工作的報告**
- **講道計劃表，包括講道的題目**
- **需要牧養的會眾需求**
- **分發資料**
- **討論設想及潛在的事工**
- **評估目前各項事工**

長老團隊為牧師就會眾的需要和感受發表意見，並得到回饋，提供了平臺。對教會的靈性健康與態度進行自由討論，可

以對未來計劃產生指導作用。

長老的角色——長老在同工團隊中承擔重要職責。擔任長老的人通常忙於其他事務和職責，其中也包括家庭責任。想要有時間忠心地履行他們在教會中的責任，長老們必須能夠合理安排時間。

管理教會所需的技能多樣化，沒有人能夠擁有所有技能。會眾需要的是神學專家、傳道人、管理者、佈道家、培訓師、輔導者以及探訪者。

牧師長老同工團隊的優勢就在於，他們彼此建立在天賦與能力之上，同時彌補彼此的不足。仔細分析每位成員能為團隊做出什麼貢獻，這是在公開分享聖靈恩賜的條件下完成的，要認識到「這一切都是這位聖靈所運行、隨己意分給各人的」。（林前12：11）

一般來說，牧師及其家庭最初並不是他們所服務的教會和社區的一員，而且他們也不太可能在同一個教會待上許多年。他們以陌生人的身分來到教會，常常覺得較難立刻就融入新的團契。教會的資深成員可能沒有意識到這給牧師及其家庭帶來壓力，也沒有察覺到給予支援，讓牧師的家庭感到在這個教會大家庭中受到接納是多麼重要。

在牧師初來以及服事的整個時期，長老應該為牧師和其家

庭製造融入教會大家庭的機會。這樣的作法有助於推進牧師和
長老的工作。長老在同工團隊中有四項職責：

❶ **抽時間工作**。長老通常忙於工作，事業有成。他們能花
在教會工作上的時間受到全職工作、家庭和健康狀況的限制。
但是長老的工作遠不止安息日早晨聚會的職責，因此在接受長
老一職之前，要充分認識到忠心做工需要付出時間和精力。

❷ **幫助牧師將能力發揮到極致**。領袖做牧養的工作需要
多方面的技能，沒有人能夠擁有全部技能。長老應與牧師合
作，找出他們的長處，並幫助他們組織教會並善用這些能力，
同時在牧師需要支援的地方提供協助。

❸ **彌補牧師的不足**。可惜的是，在牧師欠缺或薄弱之
處，教會往往傾向於批評而非彌補。這也許是長老最根本也最
重要的職責之一。在牧師有所欠缺之處，長老也許有特別的恩
賜。這種合作的努力就形成了牧師和長老理想的夥伴關係。

❹ **關懷牧師的家庭**。牧師及其家庭需要長老以不畏懼、
不自大的態度接納他們。每個教會都應當制定合適的計劃來支
持牧師的家庭。這項教會活動不能由牧師領導，而是長老的責
任。牧師可以選擇區會傳道幹事、同工或教會以外的人作為諮
詢者和屬靈導師，但他們主要的幫助應來自地方教會，將這項
工作交由其長老來領導。

對於大多數牧師來說，接受他們所牧養之信徒的幫助是不容易的。「你們各人的重擔要互相擔當，如此，就完全了基督的律法。」（加6：2）這裡有些方法，可以用來指導長老照顧他們的牧師。

接受他們的人性。牧師喜歡人們對他們表達出愛戴，但有時會覺得人們愛他們是因為他們的聖職，而非他們的為人。要讓他們知道，他們雖然有缺點，但仍然被人們所愛。

要善於鼓勵。經常懇切對他們予以肯定。讚揚要具體，例如：告訴他們講道中的哪一點讓你受益。

做一個傾聽者。如果他們有問題向你傾訴，要帶著同情心傾聽，且要對談話內容保密。

支持他們。如果與牧師出現分歧，應私下解決。在會議上，牧師和長老可能意見不同，但向堂董會及**事務會議**提出的最終計劃應當是長老所支持的。要在教會中見證牧師所做的一些事改變了你的生活。讓教友們知道你不會容忍有人在你面前批評牧師的家庭。牧師直接對區會負責，所以當你向他們所屬的區會領袖肯定他們的工作時，會帶給他們極大的鼓舞。

策劃一年一度的牧師日。透過慶祝牧師和其家庭對教會的事奉來肯定他們的工作。考慮送一份貼心的禮物，例如：一本有關教會家庭和教會生活的相冊。

為牧師禱告。在你個人的禱告或是與其他領袖的團體禱告中記念牧師，都會給他們帶來支援和鼓勵。

解決信徒之間的衝突。信徒選舉長老，是因為對他們有信心，而且他們也瞭解教會的事務。信徒中的衝突是最讓牧師感到壓力的問題之一，特別是當長老牽涉其中的時候。聖靈能夠使用長老調和眾人的衝突，大大地減少牧師的壓力。

鼓勵靈性的復興。在滿足會眾靈性需要的同時，牧師可能會筋疲力盡，需要時間來恢復、更新。鼓勵牧師安排足夠的時間作個人靈修。

鼓勵家庭生活及休閒時間。如果牧師的家庭生活被忽視，牧師的工作也會受到影響。要確保教會的責任不妨礙他們有時間照顧家庭。

鼓勵提供匿名諮詢。牧師和他們的家人有時需要專業的諮詢服務，但他們通常不會主動提出這類要求。本會鼓勵各區會提供這一諮詢服務。長老既對區會有很大影響，就可以為他們的牧師要求該項服務。

鼓勵並肯定牧師的家庭。教友們可能希望牧師的家庭是完美的，而且隨時向眾人開放。長老們應當維護牧師配偶的權利，讓他們自主選擇在教會中的角色，使用自己的屬靈恩賜，而不是扮演一個理想化的角色。

　　看顧牧師的孩子，他們表現好時不要過分誇讚，表現不好時也不要嚴厲批評。通常人們對他們有更高的期望，這會使他們在同齡人中產生問題。對那些受到傷害的牧師家庭應予以同情。當孩子誤入歧途，所有的父母都會受到傷害，對於牧師家庭來說更是如此。他們需要的是支持，不是批評。

　　要瞭解在一位深受愛戴的牧師離任後會眾會經歷悲傷的過程。在失落之餘，會眾對先前牧師的忠誠可能會使他們對新來的牧師產生偏見。如果前任牧師受人愛戴，信徒們可能會對接替他位置的人感到不滿。倘若前任牧師不受人愛戴，信徒可能將他們的怒氣轉移到新來的牧師身上。

　　要特別關懷新來的牧師家庭。要知道他們剛剛離開了原先教會中所有的朋友，也正經受遷離之苦。他們搬到了新家，孩子們要去新的學校，在那裡他們可能因為是牧師的孩子而被人另眼看待。如果牧師的配偶要工作，她還要面臨求職，而且他們還要結交新朋友。要理解他們的擔憂和難處。

　　要想辦法讓教友們歡迎新來的牧師一家，幫助他們安頓下來。也許可以幫助他們打掃新居，並預備一些食物。方便的時候，可以為他們舉辦一場精心安排的歡迎就職儀式。新來的牧師往往比他的家人更容易感受到被接納。就職儀式應由長老和區會協調籌劃。儀式具體細節詳見本書最後一章及《牧師手冊》。

二、教會計劃

依據《聖經》制定計劃——人們往往將教會視為一個組織或機構，而不是一個信仰的團體——但這正是新約中「教會」的主要涵義。我們往往認為教會信徒的作用是協助專職牧師完成他們的工作，而事實上根據《聖經》的教訓，牧師的主要職能是幫助信徒們工作。

「只有當教會的每一個成員團結起來都參加工作，與牧師和教會職員一起努力，上帝在地上的聖工才能完成。」（《基督徒服務大全》，原文68頁）在傳福音的工作上，重要的不是有多少人到教會敬拜，而是有多少人從教會裡出來做工。

自己去做一件事往往比讓別人去做來得容易。如果我們的主要任務就是完成教會的工作，那麼上述這種想法似乎行得通。但事實並非如此。我們的首要目標是要讓信徒在靈性上能健康成長，使那些為主做工的信徒們能在他們的屬靈生活中找到最大的喜樂。《聖經》的計劃是要教會裡的每個人都來為上帝的國服務。制定教會計劃必須圍繞以下內容：

研究屬靈恩賜。教會領袖絕不能將屬靈恩賜看作是要信徒工作的一種手段，這是聖靈賦予信徒能力的方式。每一位信徒都是傳道人，每個人都是藉著水和聖靈的洗禮而被授權傳福音。凡接受聖靈的人都領受了事奉的恩賜，因為聖靈切願這恩賜被用來建造教會。

「恩賜有多種多樣，但都是出於聖靈。這些恩賜用人體從頭到腳的各個部位進行說明。人體有不同的器官，各有不同的功能，但它們都屬於一個身體。基督的身體各個肢體也是這樣，以頭為中心，但他們擁有不同的恩賜。根據上帝的安排，這是要滿足世界上各種組織和各種人的需求。上帝某一位僕人的強處，另一位僕人不一定擁有。」（《懷氏手稿》卷19，原文第5頁）

沒有人能夠單獨代表基督的身體。但每個人都是祂身體的一部分。只有作為一個整體的教會，才能代表基督的身體。因此，教會領袖應當願意承認自己的局限性，以及他們需要教會中其他成員的幫助。

辨別屬靈恩賜。教會已編纂了許多關於屬靈恩賜的小冊子，幫助信徒發現自己的恩賜。可以向區會索取這些材料。倘若沒有可用的材料，可以列出教會的需要，詢問信徒們希望在什麼領域服事，然後使用類似的方式進行評估。

運用這些明確的恩賜，組織教會和開展聖工。在安排教會工作時，要發揮會眾中可用的恩賜，滿足教會和社區的需要。瞭解信徒的能力，並以此計劃教會的工作。

要培訓信徒從事他們所選擇的事工。上帝將有領導才能的人放在教會裡，使他們能夠運用這些才幹來預備並培養其他信

徒有效地開展事工。「每一個教會都應該成為培訓基督工人的學校。要教導信徒怎樣與人查經，怎樣教安息日學的學課，怎樣勸勉未曾悔改的人，怎樣更好地幫助窮人，照料病人。教會要設立健康學校、烹飪學校，和各種服務工作的培訓課程。不但要進行課堂教學，而且要在有經驗的導師指導之下從事實際的工作。」（《論健康佈道》，又名《服務真詮》，原文149頁）

長老和教友可以為教會大家庭的其他成員服務。有些人覺得只有請牧師來才能得到幫助，但這種想法是不實際的。尤其是在大教會以及有多所教會的大型教區，會眾應當明白，服事不是單單由牧師來做的。這是整個教會共同努力的結果。

透過祈禱制定計劃──在《聖經》中有許多事例，可說明透過禱告制定計劃的重要性。當民眾求問上帝並聽從祂的領導時，他們的計劃便得以順利實施。撒母耳記上23：1-14中，大衛在籌劃的過程中反覆求問上帝，每次上帝都有回應。大衛和跟隨他的人因著禱告制定計劃而蒙福。在新約中也有類似的例子。在巴拿巴和掃羅成為佈道士之前（徒13：1-3），在籌備的過程中他們殷勤禱告。結果，巴拿巴、掃羅以及他們的事奉都得了上帝滿滿的祝福。

同樣，今天的教會在籌劃的過程中，也需要將一切計劃先放在禱告中。倘若先訂計劃，然後請求上帝祝福這些並未接受屬天引導的人所制定的計劃，這樣的方式是錯誤的。《聖經》

中的例子清楚表明了透過禱告制定計劃的好處和祝福。

制定年度計劃——藉著禱告和上帝的引導來制定年度計劃並設定目標，這是整個教會要做的工作。初步計劃由牧師、長老、堂董會共同研究，提供可在事務會議上報告的架構，並邀請全體信徒參與意見。初步的規劃要先經長老和堂董會通過，再作進一步討論修改，然後再提交下一次事務會議做最後決定。這樣，每個人都有充分的機會發表意見。

制定計劃的議程——事務會議上討論年度計劃的議程，應包括以下幾個方面：

評估。在考慮教會來年的計劃之前，需要先檢討和評估教會本年度已做好的工作。討論過去的計劃是否已達成教會的目標，確認信徒們獨特的屬靈恩賜是否得到最大程度的發揮。在進行分析和檢討之後，事務會議就可以預備確定明年的目標，並制定實現這些目標的策略。

禱告事工。想要在教會中制定有效的禱告事工計劃，就要找到具體的方法鼓勵信徒有個人祈禱和靈修的時間。找到能夠支持禱告會、禱告同伴和其他小組禱告的方法。在一切教會活動中邀請信徒參與祈禱。

佈道。確保教會所訂立、針對社區的佈道計劃能夠滿足特定的需要。在教會內組織有效率的團隊及團隊領導，以達成特

定的目標。實施策略計劃要有詳細的實施過程和方法。

牧養。評估並執行幫助信徒在靈性上成長的計劃。可包括敬拜方式、探訪、安息日學等方式。

兒童和年輕人。找出適合所有年齡層的兒童和年輕人的節目。

設施及設備。確保教會設施無論是內部功能還是外觀都處於良好的狀態。要注意細節，例如是否易於取用，標識是否完好。建築工程計劃應根據設備改建需要來制定。

宣傳。列出各項活動宣傳的時間表，確保時間上不會重疊。每個宣傳活動都需指定領袖。

日程表。根據教會年度計劃和活動制定日程總表，並據此實施。重要的是要與會眾分享，要徵得會眾同意。

財務問題。在計劃教會日程表時，要瞭解整個計劃所涉及的財務問題，以及資助各項目所需的經費。

三、教會選舉

選舉之前——地方教會各部門和各項目的領袖通常被提名擔任職務一至兩年，由全體會眾選舉產生。教會選舉程式的細節，包括教會領袖一覽表，都詳細寫在《教會規程》中。

提名委員會的工作是要選擇教友擔任教會中各項職能，承擔各項事工。所以，提名委員會需要注意教會的特別需要和信徒中特別的屬靈恩賜。

教會職員的職務不可自動連任。每一職位都必須經過提名委員會的審查，而且不能因為某些人工作出色就指望他們再次當選。責任需要分擔，新的教會職員需要接受培訓。任命的目的是要找出有能力的人，並給信徒們服事的機會。

「凡加入兒童事工的教友均必須符合教會和當地法律的要求，如背景調查或證明。教會領袖應該諮詢區會來確認和瞭解其可行的背景調查和驗證。」（《教會規程》，原文第88頁）

為了使教會職員有足夠的時間裝備自己，要先召開計劃會議，然後在來年把此計劃提交給教會表決，做最後的決議。教會提前知道新一年的計劃內容，就可以選擇合適的領袖來完成這一使命。若能列出教會所需的領袖以及所有職位的職責說明，提名委員會就可以更加有效地工作。

提名委員會——「教會應當在每個教會年度的最後一季初選派提名委員會，該委員會至少應在教會年度最後一個安息日之前的三個星期提出報告。」（《教會規程》，原文第110頁）教會年度不一定與西曆保持一致，而是以最合理的方式與教會活動的進程相符。在有些地區，教會年度是由區會規定的。

　　教會的選舉過程是先選出一個特別的委員會，由他們來選擇提名委員會的成員。教會根據提名進行投票。組委會的選舉可以由全體教會成員共同完成，或者教會可以投票增選五到七名人員到堂董會，再由堂董會選出提名委員會（《教會規程》，原文第110-111頁）。通常第一種方法更為穩妥，因為選舉應對全體會眾公開。地方教會可自行決定提名委員會的人數規模。

　　被選為提名委員會成員的人應當成熟穩重，有良好的判斷力，對教會的需要和教友們都有廣泛的瞭解。「牧師或地區領袖擔任當然委員，並擔任提名委員會的主席。如果牧師或地區領袖選擇不擔任主席，或者牧師或地區領袖尚未被委任到這個教會服務，那麼委員會要在提名委員會的人選中推薦一位來擔任主席。」（《教會規程》，原文第111頁）

　　提名委員會只能提名那些在地方教會中忠心的信徒。在向教會提交報告之前，委員會成員應通知被提名者，並確保他們有服事的意願。

　　提名委員會報告──提名委員會完成準備工作後，由牧師或長老為委員會主席和書記安排時間，或在事工報告時段，或是召開特別的事務會議，向教會提交委員會的報告。要將被提名領袖的名單以書面形式分發給會眾，或當眾大聲朗讀。

　　從最初宣讀報告到會眾最後投票，至少要有一週的間隔時

間，以便信徒將不同的意見提交給提名委員會。在報告再次被提交給教會以供選舉之用以前，所有的反對意見都要經過慎重考慮，所有必要的修改都要完成。而提名委員會屆時也可解散，不過有些大型教會可能希望設有臨時提名委員會，在任期內若有職位出現空缺的情況，可以繼續發揮職能。該委員會被認為是堂董會的下屬委員會，負責填補職位上的空缺。

四、領導風格

屬靈領導力——長老是屬靈領袖，其領導的工作不僅只是維持現狀。長老致力於教會的靈性興旺，人數增長。他們不是為了改變而改變，而是不斷地在尋找更好的服事方式。但領導力只有在有人跟隨的時候才發揮作用。信徒和機構常常拒絕改變。這種情況在教會中往往比在其他機構中更加嚴重。人們來教會，常常是為了尋求安全感，而變化似乎總會給這種安全感帶來威脅。雖然在特定的群體中，改變是必要的，但改得太多、太快可能會導致教會拒絕必要的改變。

領導風格是領袖用來影響和激勵跟隨者，來完成目標的各種方法之集合。它與人的個性緊密相聯，所以領袖很少會表現出與自身個性迥異的領導風格。但是，若是能將領導方式與教會的需要和風格相結合，那將會更有幫助。一個由專業人士所組成，習慣對各種問題權衡利弊，主動做出重大決策的教會，相比於一個習慣於為他人工作，並聽從指揮者的教會，前者也

許不需要一種直接指揮式的領導風格。管理的方法很重要。但對於長老來說，領導技巧遠不如領導精神來得重要。領導時表現的態度和精神比領導技能更重要。

不恰當的領導方式──不幸的是，有些領袖試圖採取懲罰威嚇方式來刺激其跟隨者。同樣，也有人可能會用財務的壓力或地位權柄來迫使或要求教會成員去執行任務。還有人會用兇惡強硬的語言來施加其影響力。這些獨斷專行的方式並不適用於教會。雖然這些方法可能會產生一些效果，但這不是真正的領導力。由這些方式所引發的行為出自錯誤的動機，無法產生持久的效果，還會破壞最終的目標。

獨斷專行的領袖往往會將自己看得過於重要。他們的動機雖然是好的，但是在做決定、立目標的過程中不徵求他人意見，急於求成，他們認為教會中的大小事務若不由他們控制，一定做不好。這種領導方式會造成教會成員對領袖產生怨恨和敵意，阻礙教會發展。

新約《聖經》中的領導方式──在新約教會中的領導方式是要每個人都成為上帝的使者，牧師和長老是教會的僕人，他們一起做工，發揮每一位信徒的潛力。新約時代的基督教領袖沒有仿效外邦君主和政府官員強迫臣民服從的專制作風，而是謙卑地服事，運用基督之愛的力量，以聖靈充滿的生活為榜樣來激勵跟從他們的人。

對那些爭著要做天國中最大的門徒們，耶穌這樣說：「你們知道，外邦人有尊為君王的，治理他們，有大臣操權管束他們。只是在你們中間，不是這樣，你們中間，誰願為大，就必作你們的用人；在你們中間，誰願為首，就必作眾人的僕人。因為人子來，並不是要受人的服事，乃是要服事人，並且要捨命作多人的贖價。」（可10:42-45）

最初也為了得高位而爭奪的彼得，後來將他所學到的教訓傳給教會的領袖：「務要牧養在你們中間上帝的群羊，按著上帝旨意照管他們；不是出於勉強，乃是出於甘心；也不是因為貪財，乃是出於樂意；也不是轄制所託付你們的，乃是作群羊的榜樣。」（彼前5:2-3）

僕人式的領袖——基督教的領袖是僕人式的領袖。保羅曾經在他早期接觸基督教運動的時候，追求迫害信徒的權柄，後來逐漸明白僕人式領袖的原則：「我雖是自由的，無人轄管，然而我甘心作眾人的僕人，為要多得人。向猶太人，我就作猶太人，為要得猶太人，……向軟弱的人，我就作軟弱的人，為要得軟弱的人。向什麼樣的人，我就作什麼樣的人，無論如何，總要救些人。凡我所行的，都是為福音的緣故，為要與人同得這福音的好處。」（林前9:19-23）

領袖是推動者——基督教的領導方式是一種分享式的領導。也就是說按照每個人的能力和參與的意願，在團隊的所有

成員之間分享並分配領導的各種角色和職能。這種領導方式鼓勵、裝備、訓練團隊的每個成員，為要將教會建設發展成為符合上帝心意的、功能齊備的團體。

五、委員會

委員會的宗旨——委員會是機構不可分割的一部分。雖然有時委員會的職能看起來可能會阻礙事工進展，但若沒有它們，就很難從更廣泛的群體中獲得幫助。基督復臨安息日會在歷史上大量使用了《教會規程》中所提到的委員會、堂董會和議（事）會等制度。這不單是因為我們的傳統，也是出於神學上的考慮。「無智謀，民就敗落；謀士多，人便安居。」（箴11:14）全教會的信眾共同努力，必定遠超於一個人的智慧。

「在討論開展工作的時候，不要讓任何人起支配作用，代替大家說話。要認真考慮所建議的方法和計劃，使所有的弟兄權衡其利弊，決定行動的方針。」（《證言》卷七，原文259頁）

「上帝的旨意是凡擔負責任的人應當常常聚集彼此商議，並要迫切祈求那只有主能賜下的智慧。應當合而為一，將你們的困難向上帝陳明。要少講話；許多寶貴的光陰，已經浪費在沒有意義的講話上。弟兄們應當同心禁食祈禱，祈求上帝所應許慷慨供應的智慧。」（《給傳道人的證言》，原文第499頁）

為了使委員會的工作更加有效率，可以儘量以較低層級的

會議來做決定。堂董會可以決定的事，不必提交事務會議討論。同樣，安息日學會議能夠解決的事，不必交給堂董會，如果安息日學負責人能夠解決，那就不需佔用安息日學會議的時間。這樣不僅節省時間，也增進了委員會的職能，因為這樣，委員會的成員只需考慮重要的事項。

在評估委員會工作的時候，可以從以下問題考慮：某一委員會是否有必要設立？成員是否適合？他們是否勤於禱告？委員會的規模是否足以有效運作，沒有人袖手旁觀？委員會的職責和權力是什麼？他們要向誰報告？有些委員會人數較多，可以將其分為6–12個工作組，他們的工作可以向直屬委員會報告。

事務會議（Business meeting）——「事務會議就是地方教會的成員大會。」（《教會規程》，原文第128頁），包括經常參與教會活動的所有成員。由牧師或牧師指定的長老召集並主持。事務會議可根據教會的需要，每隔一段時間舉行一次。大會將評議有關教會整體運作的情況，並由全體信徒投票。在年終時，需要就教會全年的事務進行報告。「事務會議應該每年至少舉行一次。」（《教會規程》，原文第128頁）

教會最重要的計劃應當在事務會議上進行討論並通過。在此會中所有地方教會的信徒都有機會參與教會的決策過程。信徒可在此會議上各抒己見，以投票的方式表示贊成或反對。事務會議的召開要公開宣佈，讓所有人都有機會參與。「每個教

會應決定日後此會議的法定開會人數。」(《教會規程》，原文
第128頁)

堂董會（Church board）──堂董會由教堂的主要職員和各
部負責人以及其他由事務會議推選的人員組成。堂董會在教會
定期選舉期間或是過渡期內，由教會信徒投票產生，以填補
空缺職位或對代表人員進行調整。一般堂董會由牧師召集並主
持，或者將這一責任委託長老。大多數教會發現有必要一個月
召開一次堂董會。

「每個教會都必須成立一個能發揮功能的堂董會，其成員
經由全體信徒參與的事務會議選舉出來。」(《教會規程》，原
文第129頁) 堂董會是地方教會主要的行政委員會。它負責貫
徹和監督事務會議所通過的計劃，並對事務會議負責。堂董會
的職責包括屬靈的牧養、傳福音、維護教義的純潔、維持基督
徒的標準、提議教友身分的變動、監督教會財務、保管照顧教
會財產、協調教會各部門工作。

堂董會處理教會各單位及部門提出的要求和計劃。要考
慮有哪些教會資源可用於支持這些計劃。堂董會需協調各計
劃的進展，使整個教會的事工按部就班向前發展。堂董會定
期聽取專案進展報告，並評估其功效。「每個教會應在一次事
務會議中決定日後堂董會的法定開會人數。」(《教會規程》，
原文第131頁)

其他委員會——有許多委員會可被指派來協助堂董會進行教會管理工作。《教會規程》提到額外設立委員會的需要。事務會議和堂董會可根據需要增設若干委員會，來執行特別的教會計劃和專案。牧師或長老中的一位可被徵召擔任所增設委員會的當然成員。

委員會的成員——委員會的成員往往以固定的角色模式工作，這樣在互相協作時，就能推進委員會的工作。明智的主席能夠發揮這些角色的長處。委員會成員所需要的角色通常包括：

發起人。發起人不斷提出新的想法和方案來開展委員會的工作。

分析者。分析者是極富創造力的，會在發起人的想法之外加入對事情的分析，從正反兩方面闡述見解。

挑戰者。挑戰者對於變革持謹慎態度。在主席眼中，挑戰者似乎總是製造麻煩，但這對於平衡討論的過程是非常重要的。

協調者。協調者不喜歡對抗，總會尋求方法將各種不同的觀點協調起來。

支持者。支持者對委員會的計劃給予熱情的支持，並渴望付諸實踐。

以平衡的方式理解並使用委員會的每一角色，將有助於工作的進程。成員若有不同看法的貢獻，會使委員會的工作更有效率且更愉快。倘若在某個委員會中缺乏某些角色，那麼主席應當有意識地設法在決策過程中擔任所缺失之角色的功能。

委員會主席——長老有時會擔任委員會主席。在籌備會議期間，要先釐清委員會的議程和職責。若有人要在會上作報告或提建議，需要給他們充分的時間準備。

教會委員會開會時，通常先進行簡短的靈修，接著以祈禱做為開始。這樣做會給會議奠定屬靈的基調。若是事務會議或堂董會會議，應由教會書記做會議記錄。前一次會議的會議記錄應提交給委員會，供其批准並接受。

開會後要繼續介紹各項議程——應該給委員們表達自己觀點的機會，但主席有責任確保會議順利進行，避免任何人支配或操縱其他人。可以詢問沒有參加討論的人，是否有希望分享的意見。會議的主席要闡明所探討的問題，使討論不偏題，時而做些總結，促使委員會作出決定。要尊重委員會的決議，支持其工作，即使是持不同意見的人也應如此行。

六、教會的標準和紀律

教會的標準——教會設立了道德和社會行為的高標準，以反映上帝的品格。這標準是基於永恆不變的《聖經》原則。每

一個受洗歸入基督、加入教會的人，都在浸禮誓言中承諾要按著這些標準生活。

不幸的是，由於人性的軟弱，信徒們未能達到上帝和教會所訂立的崇高標準。這使人認識到「世人都犯了罪，虧缺了上帝的榮耀」（羅3:23）。基督徒需要不斷地祈求耶穌赦免自己的過犯，求上帝賜力量使我們能按著祂的旨意生活。

信徒的紀律──當信徒深陷罪中，嚴重影響到教會家庭和社區中其他人的生活時，就會使上帝的名和祂的教會蒙羞。在這種情況下，教會有責任採取行動，要記住教會紀律的首要目標是使犯罪的人得拯救和恢復。生靈的價值只能用基督為拯救我們所作的犧牲來衡量。

在上帝看來，每個人都是寶貴的。無論是得救的，還是未得救的，上帝對所有人的愛都是一樣的。上帝「寬容你們，不願有一個沉淪，乃願人人都悔改」（彼後3:9）。「人類是基督的產業，是祂用無窮的代價買來的。祂用自己和天父向他們所顯示的愛，將他們與自己連結在一起。所以我們在彼此對待的事上，應當何等的小心。」（《證言》卷七，原文260頁）

罪的嚴重性──教會一方面要向陷在罪中的人表現溫柔、仁愛與憐憫，另一方面也有責任對罪惡採取行動。若是縱容罪惡在教會中而不加糾正，勢必會影響教會在社會中所做的一切

善工。「遮掩自己罪過的，必不亨通。」（箴28：13）教會中的罪惡不容忽視。它會危害教會的利益。作為教會領袖要堅決負起責任，絕不允許罪惡繼續影響整個教會。

基督的方法——關於如何對待犯了罪的信徒，《聖經》給了明確指示。首先，「倘若你的弟兄得罪你，你就趁著只有他和你在一處的時候，指出他的錯來。他若聽你，你便得了你的弟兄。」（太18：15）當長老得知有肢體犯了罪，先要去找他們，指出上帝的赦免，並且切實幫助他們。根據具體情況，建議兩位長老同去較為妥當。此行目的並非要定罪，而是尋求回歸上帝，脫離罪惡。要鼓勵他們，和他們一起禱告，祈求上帝的大能與饒恕。

倘若挽回失喪之人的第一步沒有成功，「你就另外帶一兩個人同去，要憑兩三個人的口作見證，句句都可定準。」（太18：16）也許在兩三個人的面前，犯罪的人會承認自己的過犯，並尋求幫助和赦免。

如果第二次的勸告仍沒有成功，「若是不聽他們，就告訴教會。」（太18：17）通常交由堂董會會議討論該信徒的問題。假如問題嚴重又懸而未決，堂董會可將其提交給區會領袖，以及事務會議徵求意見。在事務會議的商討和表決中，犯錯的信徒可能會受到教會的譴責，允許他們在一段特別的時間內悔改自身的行為，尋求赦免。

在多數情況下，經過不斷的探訪並受到關愛和接納後，犯錯的人會被爭取回到上帝和教會的懷抱中。但是假如犯罪的信徒即便經過一段時間的譴責，仍然沒有任何悔改的跡象，《聖經》說：「若是不聽教會，就看他像外邦人。」（太18:17）

當教會竭盡所能卻沒能成功挽回犯錯的人，而犯錯的人也不回應教會所發出的要悔改的忠告，他們就喪失了作為教會成員的資格。因此，教會就可以開除此教友的教籍。但是，這些人仍是教會的愛心、祈禱和關懷所關注的對象。我們仍要盡最大努力贏得他們歸回耶穌和教會。

被開除教籍的人若想要參加教會的敬拜，則不應阻止他們。但是，他們不能參與教會的各項事務。如果他們想要重新加入教會，就當有悔改並為他們的錯誤做出補償的證據。不論他們過去做錯過什麼、現狀如何，上帝仍然十分重視他們的得救。

七、與區會的關係

除非地方教會的長老被會眾選為區會會議的代表，否則長老的職權僅限於自己的教會。他們可以被推選參與其他教會機構的堂董會和委員會，但這並非出於長老職位的權柄。地方教會是由區會中姐妹教會投票方才成立的，而姐妹教會的資格則由區會在會議期間授予或取消。

　　支持區會──教會發展靠的是各地方教會。教會的經濟來源主要依靠地方教會。區會負責本區域所有教會的工作,但他們的成效全仰賴地方教會領袖在執行地方教會、聯合會、分會和總會計劃方面的配合。與區會的聯繫與溝通非常重要,因為它設法將某一區域內各教會的努力結合起來。

　　《教會規程》是本會最重要的方針手冊。教會的準則和慣例是基於它所闡明的原則的。地方教會在處理管理的相關事宜──教會內部事務以及與上級組織關係──都應遵循這些原則。任何人不得試圖制定或刪減信徒標準,或是訂立或企圖實施未被全體信徒採納,也未載於《教會規程》中的規則或條例。

　　《教會規程》由全球總會會議批准,也只能在下一屆全球代表大會上修訂。因此,它具有教會的一切權威。「當召開全球代表大會時,由來自各地的弟兄們聚集作出決議以後,自恃的心理和個人的見解就當放棄,絕不可固守己見。」(《證言》卷九,原文第260頁)

　　《教會規程》概述了教會的組織架構,以及在所有教會中實行的措施,以便在全世界的教會中保持統一。《教會規程》詳細規定了地方教會的整體運作,包括教會職員的選擇、角色和職責。每位長老都應有一份最新版的《教會規程》。作為基督復臨安息日會的領袖必須熟悉其中的內容,並遵循其中所規定的措施。

來自區會的支持——區會指派牧師來支持地方教會。它還提供傳道證書，以保護地方教會不受未經本會批准之人的欺騙。在每個區會都有專人負責提供培訓和資料，以協助地方教會開展工作。地方教會的堂董會可補助適當的人選參加學習課程，要選擇那些有能力將所學知識傳授給他人的人。

《長老手冊》的編寫乃是基於這樣的前提：長老可以閱讀《教會規程》，並且對教會各部門和領袖的職責有全面的瞭解。《教會規程》所詳細列舉的其他教會領袖及部門，《長老手冊》不會多做贅述。但接下來的這一章會對這些部門及其功能做簡要介紹。

長老手冊
Elder's Handbook

第 **5** 章

教會部門

DEPARTMENTS IN THE CHURCH

對於擔任各種職分和負責教會各部門的教會職員和領袖，長老發揮著重要的支持和引導作用。要完成這項任務，很重要的一點是要理解各種不同職分的目的和運作方式。

一、行政管理

長老——此手冊的內容完全都是關於長老的領導職分，所以，在此不詳細列舉長老的事奉與責任，只強調在牧師身邊的長老是教會的主要權威。然而擔任這一職務的人需本著僕人式的領袖精神，肩負著在教會的使命和團契中——「基督的身體」——引導信徒和教會領袖的責任。

男女執事——男女執事從一開始就在教會中起重要的支持作用。隨著早期教會的發展，使徒們發現他們有做不完的工作。於是選出了七位執事來幫助窮人和病患，提供他們在肉體和靈性上的幫助（徒6：1—7）。新約還記載了幾位婦人的名字，她們也在教會中做類似的服事（徒9:36；羅16:12）。

在今日的教會中，男執事和女執事同樣做著關懷、服事的工作。他們用上帝賦予的屬靈恩賜，經常照顧教會信徒和教會產業的實際需要。對那些貧困、患病和灰心的人，給予幫助和鼓勵。他們去醫院和監獄探訪，協助進行施洗和聖餐的禮節。由於他們與信徒親近，所以對信徒的需要更加了解。他們的付出及貢獻極具價值。

　　教會書記——教會能否有效運作很大程度上取決於教會書記的工作。由於這一職位的特殊功能，如果能選擇一位願意多次連任的人，以確保記錄和報告的連續性，是較為明智的。教會書記的職責可見《教會規程》中的說明。

　　選擇教會書記應基於其在文書工作上的可靠性和忠誠度。書記出席堂董會和事務會議，將所發生的一切準確記錄下來。會議記錄包括以下細節：會議的時間、地點、主席姓名、出席情況、與會者，以及表決議案。這些內容將被永久地存留在教會的正式記錄當中。

　　教會也會將所有信徒的名字記錄在冊。這份名單應當準確，即時更新。對於長老來說，信徒名冊十分重要，因為它包含了過去和現在信徒的聯絡資料。

　　當新教友透過受洗、宣告信仰或從別處遷入教會時，要將他們的名字記錄在信徒名冊上。當信徒因過世、除名或遷出而離開教會時，他們的名字也應刪除。當有信徒遷入或遷出教會時，書記負責處理與另一教會之間的交接手續。新來的信徒若要擔任教會的領導，必須在教籍轉移手續辦理完畢之後。若是轉移手續的辦理時間過長，可由他人暫時擔任，直至教籍轉移完成。

　　教籍轉移程序，是從信徒向當前所在新教會的書記提出請

求開始，之後教會書記向該信徒教籍所在之教會的書記發出轉移教籍的請求。當教籍所在之教會批准後，該信徒的教籍就轉到發出請求的教會書記手中，後者將其提交堂董會討論。堂董會將獲批的轉移請求在教會中進行一讀和二讀通過。如無反對意見，通常在第二週，由全體信徒做出最後批准。至此，該信徒被接納進入新的教會。之後，新教會書記向原教會發出接收確認書，後者則可從教友名冊中將該教友的名字移除。

雖然這一制度的建立是為了保護教會和信徒，但還是應當為提出轉移申請的信徒著想，有效且及時地辦理這些手續。如果從信徒提出轉移教籍的要求，到最終獲准進入新教會的間隔花了數月之久，他們很可能覺得自己不受歡迎或是被忽略。所以兩邊的教會書記必須通力合作，提高效率。

未經教會信徒表決，任何人不得在信徒名冊上進行增添或刪減。除非是信徒離世，否則書記無權自主行事。若有信徒離世，書記要在名冊上記下死亡的日期。

教會名冊中難免有些人已經不再參與教會活動了。有些人背離了信仰，不想再做基督徒。有些人則是搬到其他地區。教會書記應當盡可能地與那些離開教會的人聯繫，告訴他們教會將要舉辦的活動，以此鼓勵他們。書記也可以時常向他們提出將教籍轉移至他們現在所在地區的教堂。此外，可以致函當地牧師，請他聯繫該信徒，並邀請參與教會團契。

教會書記需要向區會提交報告——有些是一季一次，有些是一年一次，有些則是特別事件的報告。書記經堂董會授權，將出席區會會議的代表通知區會。這些報告一般會要求記錄具體的時間，以便為區會或教會其他各級管理者提供準確的資料記錄。

教會書記可從教會其他職員和部門領袖那裡收集資料以準備報告。這些報告可以幫助長老們瞭解當地教會和世界教會的進展。長老監督此項工作，注意教會的趨勢，確保報告準確且及時。

教會司庫——所有進入教會的款項，都由教會司庫負責接收、清點、開立收據、存款、支付、記帳並作報告。什一和其他奉獻要連同財務報表按月遞交至區會。撥給地方教會的款項、從教會其他單位來的收入，以及由地方教會經手的所有其他款項，都要根據教會預算、堂董會、事務會議的決議來使用，包括支付帳單、保險金、水電費、租金、部門開支、採購、服務費、維修費等。司庫定期向堂董會和事務會議提交財務報告。雖然司庫的大部分工作並沒有被會眾看到或得到認可，但對於教會的運作非常重要，要予以小心管理——不僅要保護教會的資金，也要保護司庫。

司庫有責任對財務記錄保密。在沒有正式和具體的需要時，不可將財務資料提供給他人。除非是有權知道這些資料的

人，否則不可與人分享財務記錄。有時，牧師或指派的長老可能需要知道某位信徒在繳納什一的事上是否忠心。這種情況會發生在教會領袖需要提醒提名委員會的委員，避免他們選擇不忠心繳納什一的人擔任教會職員。

管理教會的資金是一件既實際又神聖的責任，因為如果信徒因某些原因不再信任他們的教會領袖，就可能不再忠心地向上帝奉獻。所有資金都要由司庫記錄在冊。在數錢時，最好由一位男執事或女執事協助。這樣既可以保證金額準確，又可以見證司庫的誠信。牧師、長老和其他教會領袖不應當向司庫索取未經批准的款項。即使有人提出這樣的要求，謹慎的司庫也不應支付。

在可行的情況下，可以將錢放在信封裡，寫明金額和奉獻者的姓名。這些信封由司庫保存，作為記錄的一部分以作將來審計之用。奉獻給教會的錢是屬於上帝的。濫用是嚴重的罪行。長老作為教會的監督者，應確保這些規則被嚴格遵守。

二、各部門的事工

教會的各項職能是以「部門」為運作單位。這些部門大多受到教會上層機構的部門指導，它們為地方教會提供資源及指導。這些部門的職能並非以權威的態度直接指揮地方教會，而是幫助地方教會為其會眾及社區提供全面的服務。以下簡單說明這些部門能向教會提供的資源和幫助：

　　兒童事工部（Children's Ministries）——設立兒童事工部是要滿足14歲以下的兒童，在靈性發展之關鍵時期的需要。除了為兒童安息日學提供教師培訓之外，兒童事工部還提供一些課程及活動，培育兒童在安息日聚會之外的靈性增長，這包括在社區中向兒童佈道的活動。

　　兒童事工部為地方教會提供以下方面的材料及資源：各年齡層的兒童安息日學，如嬰幼兒、幼稚園、小學、初中和青少年帳篷大會、假期《聖經》學校、鄰里《聖經》俱樂部、兒童信仰及道德教育、兒童的家庭及個人崇拜、家庭教育支持、兒童管家指導、兒童事工及佈道、兒童音樂、學校宗教教育，以及兒童跨文化交流項目。

　　如需獲取更多信息，請上網站www.gcchildmin.org。要鼓勵各教會設立兒童事工協調員，以監督這一重要的兒童事工。

　　長老有責任確保兒童的靈性發展是教會工作的首要任務，要開創各種方法以滿足他們的需要。參與兒童的節目及活動不僅能夠鼓勵那些負責兒童事工的人，也會讓長老更加瞭解這一工作的需要。除此以外，為這項事工選擇領袖是非常重要的。先滿足其他部門的需要而將兒童的需要放在最後，無疑是沒有為教會的未來著想。訓練兒童在教會中擔任領袖，可確保教會未來的發展，以及教會事工的優先次序。

「教會應該是保證兒童安全的場所。所有接觸未成年人的教會人員必須符合本會及法律要求的標準和條件。為了維護教會裡的兒童，我們鼓勵教會制訂政策為兒童提供安全保護措施。」（《教會規程》，原文第174–175頁）

公共傳播部（Communications）──總會的公共傳播部為本會全球教會發聲，透過各種媒介傳揚教會的宗旨、使命和服務。通訊員和技術人員為全球教會提供電視節目、報刊、新聞稿、網頁及平面設計，並維護社交網路。

全球軟體辦公室提供技術培訓，以及對特定可供全球使用的教會套裝軟體──如netAdventist，提供管理平台。想要瞭解更多有關如何使用netAdventist來建立教會網站的資訊，請至www.netadventist.org.。公共傳播部和全球軟體辦公室是全球教會、各分會及聯合會的資源。公共傳播團隊維護全球教會的官方網站www.adventist.org。透過該網站，你可以：

- 取得教會標誌和使用標準。
- 查到教會對於當前問題的官方聲明及指導方針。
- 取得28條基本信仰
- 取得完整的教會規程
- 查到信徒統計資料
- 查到各部門及教會的網址連結
- 聯繫公共傳播部

- 在Twitter和Facebook上獲取最新消息

復臨新聞網（ANN）是由公共傳播部出品。ANN團隊每週更新相關新聞影片以供下載，並附完整文稿供翻譯之用。

至news.adventist.org可得下列資訊：

- **列印網站或教會通訊中可供複製和分享的新聞**
- **獲得媒體培訓和設計指南**
- **提交地方教會新聞故事、影片、照片**
- **下載ANN影片**

長老可以以通訊員的眼光來發現問題：教會裡發生的哪些事情是我們的社區應該知道的？哪些事情是我們的信徒應當明白的？然後與公共傳播部的工作人員分享你的想法。地方教會的通訊員透過新聞稿、活動公告、社交媒體帳號、教會網站的建立、及更新教會活動圖片報導的方式，將教會消息和活動公諸於眾，與地方媒體建立良好關係。

復臨社區服務部（Adventist Community Service, ACS）──復臨社區服務是基督復臨安息日會地方教會向社區和城市傳道的事工和管道。受到〈使徒行傳〉第9章多加的服事之啟發，復臨社區服務部於1874年以「多加慈善協會」的名義成立，這個以婦女組成的協會向貧困家庭提供衣服、食物、金錢和服務。1972年，更名為「復臨社區服務」。不過在世界某些地區

仍然沿用「多加會」的名稱。復臨弟兄會（The Adventist Men Organization）同樣也提供社區服務。現在復臨社區服務部的成員已擴展為所有教會信徒，不分男女老幼，要向社區成員提供全面的服務以滿足其身體、社交和屬靈的需要，建立信任關係，並尋找分享耶穌的機會。

由於每個社區都有其獨特性，因此有必要對社區需求進行評估。復臨社區服務部要能夠協助長老，集全教會各部門之力來滿足社區的需要，提供以下課程：家庭、婚姻和親子教養、理財講座、健康檢測、營養和烹飪、家庭護理、社區發展及改善，以及家政服務。復臨社區服務中心分發食物和衣服，提供如課業輔導、諮詢、英語培訓、看護老人和照顧兒童、幫助無家可歸的人以及慈善廚房（施膳處）等服務。復臨社區服務部也需鼓勵青年人參加服務活動，體驗助人為快樂之本的真意。

復臨社區服務救災援助事工向災民提供食物、衣服等救災物質，以及情感和精神上的關懷。如果某地受災嚴重，區會、聯合會和分會的災害協調員將提供額外援助。在處理某些災難時，復臨社區服務部以及安澤國際救援協會（ADRA）將會攜手提供援助。復臨社區服務部要能夠幫助長老與其教會制定策略計劃，動員教會所有部門參與外展事工，以滿足社區需要並分享基督的愛。

長老應當想辦法讓每一位教友都能參與教會的工作。幾乎

每一位擁有屬靈恩賜的人都可以在社區服務中找到合適的崗位。這樣的事工非常適合新教友參與，對於資深信徒也是絕佳的服務機會。

想要獲取更全面的有關社區服務的文章和資源，請至網址：www.sabbathschoolpersonalministries.org/acsi。點擊「資源（resources）」查看《復臨社區服務手冊》和「社區服務認證計劃」（ACSI認證計劃），其中包括完成社區需求評估的詳細資訊。若要訂購復臨社區服務材料和用品，請訪問www.adventsource.org.，如需更多資源請訪問www.communityservices.org.

家庭事工部（Family Ministries）——「一個真實的家庭對人的心靈和生活所發揮的影響，要遠遠超過任何一次的講道。」（《論健康佈道》，又名《服務真詮》，原文第352頁）家庭能夠滿足人對於社交、歸屬感、愛意和親密的需求，幫助我們建立個人的身分及自我價值。在家庭中所培養的價值觀要伴隨人的一生。為了幫助滿足家庭的需要，教會應推選家庭事工部幹事來評估教會家庭的需要，並向教會牧師和長老提供相關信息。牧師、長老和主管須緊密合作，服務有困難的家庭，並推行特別的家庭事工計劃以培育教會中的所有家庭。

健康事工部（Health Ministries）——健康事工就是耶穌醫治工作的表達及延伸。健康的管理是一種讚美及感謝的行為。

健康的生活是一種對生命表達感激的切實方式，同時也是為社會樹立如何健康生活並帶來祝福的榜樣。

懷愛倫的《論健康佈道》（又名《服務真詮》）是復臨信徒生活方式的指南。參加社區的健康推廣節目可在其服務的社區中促進良好的健康和潔淨的生活。這種生活方式的好處無需以自誇的方式呈現，而是盼望著給他人帶來祝福。親身在健康上得益的人會渴望與他人分享。

基督復臨安息日會出版的健康雜誌，提供人們以信仰為基礎、有關健康生活之指導。社區發展服務包括烹飪學校、糖尿病防治課程、壓力管理課程、戒煙課程等等。這些課程會使教會接觸到原本毫無交集的人，和他們成為朋友，建立關係。若要獲取健康事工計劃的材料，請訪問www.healthministries.com.

個人佈道部（Personal Ministries / Lay Activities）——每一位教友都蒙召為主服事。因此，個人佈道部的領袖應鼓勵信徒屬靈恩賜的發展，去贏得教會以外的人，並組織信徒去作見證，推行佈道計劃。個人佈道部領袖的工作是要激發、鼓勵並裝備信徒們發展上帝所賜見證的能力，成為他們所在社區的宣教士。

長老可透過如下方式支援該事工：

• **親自參與教會的一項外展事工**

- 利用安息日上午的時間來推廣、支持外展事工計劃
- 支持當地教會的「救靈」培訓。
- 鼓勵教友參與區會舉辦的外展事工訓練節目。
- 鼓勵並裝備信徒參與見證和傳福音的服務。

出版／文字佈道事工部（Publishing Ministries）——各層級教會組織的出版／文字事工部，負責協調基督復臨安息日會文獻書籍的編寫、製作和發行。出版／文字事工部的使命是佈道以及滋養信徒的靈命。「有許多地方，傳道人的聲音無法抵達，只有那包含人們所需要的《聖經》真理之書報及單張，可以抵達。」（《基督徒服務大全》，原文第153頁）這一目標是要透過販售和分發這些材料來實現的。由文字佈道士來做銷售書報的工作。「上帝向我們各處教會呼招人參加文字佈道為祂服務。」（《文字佈道論》，原文第20頁）教友們則來完成分發的工作。「每一位信徒都蒙召要將包含當代真理的單張、小冊子和書籍傳揚開來。」（《評論與通訊》，1914年11月5日）

出版／文字事工部要與牧師及其他各部密切合作，以系統的方式使信徒們參與書籍分發工作。區會至少每兩年要為地方教會長老和文字佈道事工協調員舉辦研討會或講習，使教會瞭解藉由文字佈道事工傳福音的最新方式。每年總會及其各分會都會為「年度佈道書」計劃特別指定書名，由全球教會教友負責印刷及分發。出版文字事工部推出一份名叫《文字佈道士》

（Literature Evangelist）的季刊，為教會長老提供激勵人心的材料以及適合證道的範例。地方教會可以訂閱該雜誌，也可從出版網站上獲取，同時也可獲得其他資源，例如月刊《文字佈道神學院培訓手冊》（Publishing Literature Seminary Training Manual）以及有關福音的材料。地方教會牧師和長老可支援此項事工，鼓勵信徒以作文字佈道士或個人分享的方式參與全球的書籍分發工作。欲獲取更多信息，請至www.publishing.gc.adventist.org獲取資料。

安息日學部（Sabbath School）——安息日學是地方教會的門徒培訓中心。它「應該成為一個引人歸向基督的最大、最有效驗的救人機構」（《安息日學訓言》，原文第10頁）。根據其宗教教育計劃，並藉由查經、小組團契、傳道服務和見證，以及參與世界宣教活動的方式，使信徒靈性得以成長。它的目標是贏得並訓練各種年齡層的人成為基督徒的門徒。

要忠心地參加安息日學以表示支持這項事工。安息日學是教會培養信徒的主要方法，將復臨教會的信仰、傳統和生活方式傳達給信徒。它使教會中的新信徒得以鞏固，資深信徒之間的團契得以加強。安息日學分校是教會成長計劃的一部分。兒童和青年安息日學為教會培養下一代。安息日學供應教會大家庭中所有年齡層的需要。

總會安息日學和個人佈道部為各種年齡層的人，提供

了以基督為中心、以《聖經》為基礎的完整宗教教育課程。各種語言版本的安息日學學課以印刷品、網路手機／平板電腦的形式呈現。安息日學的教員、主理及書記可至www.sabbathschoolpersonalministries.org獲取大量的輔助材料。

管家部（Stewardship）——管家事工的重點在於使耶穌基督成為每個人生命的主。它為服務、犧牲、與上帝合作的生活方式提供了神學依據。它鼓勵財務管理，也提醒信徒忠心向上帝繳納十分之一和感恩奉獻是每個人的靈性責任。這些忠心的行為是上帝在信徒心中做工，並承認耶穌是生命的創造者、擁有者和維持者的外在表現。

長老透過傳揚以基督為中心的信息、教導有關管家原則的《聖經》教訓、探訪並鼓勵信徒家庭，以及在自己的生活中作基督的好管家來推進管家事工。這些工作可能包括推廣讀經計劃、家庭敬拜以及鼓勵信徒參與地方教會的各樣事工。管家部的領袖也可以與地方教會的司庫合作，制定及執行年度十分之一及樂意捐的推動計劃，並且定期提交財務報告。

雖然教會預算主要由司庫和財務委員會負責，但管家部領袖也應當參與規劃預算的工作。在制定預算時，應將重點放在教會的事工及使命上。管家部領袖應當協助長老和牧師，鼓勵信徒支持教會預算，並對教會的財務收入做出個人承諾。

　　區會辦公室提供各種資源以幫助宣傳管家事工、培養基督徒的慷慨特質以及個人的奉獻精神。其中一份是由總會提供的有關十分之一和奉獻的閱讀材料。這些適合在安息日上午宣讀的材料，宣揚了一種觀念：奉獻即敬拜。這些書籍是專供在十分之一和奉獻的收捐之前閱讀的。請至www.adventiststewardship.com獲得更多關於管家事工的資源。

　　婦女事工部（Women's Ministries）——婦女事工部主要是為了幫助教會和社區裡的婦女，並裝備她們能進行服事。

- **從靈性、身體、心理、情感和社交方面對女性信徒進行培養。**
- **透過培訓賦予婦女力量，使她們有能力、有信心實現上帝賜予她們的目標。**
- **鼓勵所有婦女以愛心和同情接觸他人，幫助他們親眼看見、經歷，並認識耶穌基督。**

　　指引我們目標的是六個挑戰：女性健康、虐待、貧困、女性的工作負荷、缺乏領導能力的培訓，以及教育水準低下。這些問題影響所有身處不同文化背景、社會地位和民族的女性。

　　此外，婦女事工部推廣各種節目來指導年輕女性，並透過獎學金計劃來鼓勵、支持年輕女性完成學業。

　　有一本解釋婦女事工部的組織及功能的手冊，可供牧師、

長老和教會婦女事工領袖參考。此外,婦女事工領袖還可參與領袖資格認證計劃,旨在從靈性上及教育上,使她們的生活以及對其他女性的服務都能更加得力。如欲獲得婦女事工部的更多資源可至www.adventistwomensministries.org。

青年事工部(Youth Ministries)——青年事工部協調教會中所有青年的活動,涵蓋基督復臨安息日會幼年事工——幼年團╱冒險家(Adventurers),6-9歲;前鋒會╱開拓者(Pathfinders),10-15歲;到少年和青年事工——少青團╱大使者(Ambassadors),16-21歲;以及成青團╱社青班╱青年人(Young Adults),22-31歲。該部門使教會青年與教會緊密結合,與教會領袖及教會其他部門合作,竭力贏得、培訓、留住及挽回青年人。

青年事工的使命是帶領青年人與基督建立救贖關係,並幫助他們接受作門徒的呼召。該事工的三個重點是門徒、社區和使命。在基督復臨安息日會青年領袖的引導下,青年們為彼此的靈性、精神、身體和社交的發展而共同努力。「如果本會的青年大軍能受到合適的訓練,予以配備,則有關那位釘死、復活,而行將復臨之救主的信息,將會如何迅速地傳遍全世界!」(《告青年書》,原文第196頁)教會中若有以《聖經》為主的堅實基礎,將會輔助青年人將一生奉獻給耶穌基督和祂的教會。

相關計劃和活動目標如下：

- 為基督復臨安息日會的青年人得救工作而努力，幫助他們在靈性、身體、精神和社交上不斷長進。
- 為基督復臨安息日會的青年提供團契，並組織他們為拯救其他青年人而工作。
- 訓練基督復臨安息日會青年在教會內擔任領導角色，使用他們的能力參與所有教會活動。

鼓勵地方教會舉辦例如前鋒會的社交俱樂部，以滿足各種年齡層兒童的需要。區會能夠提供關於此類事工的信息。如欲獲取其他資源請至www.gcyouthministries.org。

設立各部門的目的──教會的各部門應致力於為教會信徒服務，提供人力、資源、想法、創意來使教會生活更加豐富。明智的領袖會充分利用各部門的服務。

地方教會長老負責培育教會各部門及各項職能。在擁有一位以上長老的大型教會中，應根據長老的經驗和能力，按照地區和部門劃分工作。他們應作為輔導員和導師，來支持分配給他們管理的各個教會部門。

第 **6** 章

佈道工作

EVANGELISM

　　教會透過傳福音，在社區及世界各地不斷成長，影響力逐漸擴大。耶穌宣告「這天國的福音要傳遍天下，對萬民作見證」（太24：14）。在祂賦予門徒的大使命中，祂教導我們要「使萬民作我的門徒，奉父、子、聖靈的名給他們施洗。凡我所吩咐你們的，都教導他們遵守。」（太28：19-20）

　　儘管公開的宣講教義和預言非常重要，但佈道的意義絕不僅限於此。儘管教會蒙主祝福，有擅長公開宣講福音、極具天賦的傳道人，但也要注意，不可將福音工作局限於一項特別事工。佈道包括所有基督門徒的分享、宣告，以及蒙主恩典的生活。透過這項事工，教會呼召全世界的人來領受基督的救贖。

一、全球教會佈道工作

　　大使命呼召人們去傳揚福音的好消息。這一命令並沒有教導我們去向各國政權或領地宣告，而是要向住在其中的人宣告。傳福音並非專為專業人士或機構而設。雖然教會在完成這一使命上能夠發揮作用，但最終傳福音的工作是要著重在一對一的見證上。

　　傳福音就是要分享福音，引領他人接受耶穌為個人的救主，認定祂就是即將要來的主，並將自己的生命與祂的教會連結。傳福音的目的不僅僅是增加信徒人數。大使命的願景是要每位信徒都成為成熟的、門徒式的傳道者，信徒的增長只是隨著福音工作所產生的。直至信徒們得到餵養、接受訓練、擔負

責任並開始贏得生命，否則傳福音的工作不會結束。

上帝呼召了基督復臨安息日會，來向世界宣告祂在末時的愛與真理的信息（啟14：6-12）。要將末世信息傳給世上數十億的人，這挑戰看起來太過重大，從人的眼光看，迅速實現大使命（太28：19-20）似乎不太可能。新約教會也面臨著看似無法完成的任務。但在聖靈的激勵下，教會呈現出爆炸式的增長（徒2：41；4：4；6：7；9：31）。早期教會的基督徒們到處分享他們的信仰（徒5：42）。聖靈在五旬節的沛降，只是將來之事的前奏。上帝曾應許在末後的日子，要有聖靈充沛的澆灌（珥2：23；迦10：1）。這地球要「因祂的榮耀發光」（啟18：1），上帝在地上的工作也必將速速完成（太24：14；羅9：28）。

唯有當計劃被賦予生命、行動被賦予力量時，它們才能產生效力。「唯有那經過多次祈禱而成就的工作，並賴基督的功勞而成聖的工作，才能顯明它所發生的善良的效力。」（《歷代願望》，原文第362頁）

二、成功佈道的原則

〈使徒行傳〉揭示了門徒的成功乃是基於五個原則。理解這幾點，長老和教會就能更有效地為基督得人如得魚。這些原則若能在地方教會得以貫徹，聖靈就會動工使上帝的國度得以成長。新的小組將得以組建，新的團體將成立，新的教會也繼而誕生。

❶**復興**──當信徒的生活中產生真正的屬靈復興時，教會就會增長。新約基督教會的成長正是因為每個信徒都真正經歷著與基督的個人關係（徒1:8；4:20，31，33；約壹1:1-3）。門徒們分享他們所認識的基督；他們宣告他們所經歷的基督；他們見證基督親自改變他們的人生。

❷**研究《聖經》**──教會和信徒若重新重視對《聖經》的研究，就能經歷屬靈的復興（徒6:7；彼後1:2-4；約17:3）。《聖經》是極具力量的；它能改變生命，轉變個人。上帝透過《聖經》來拯救靈魂。那位默示《聖經》作者的聖靈同樣改變著讀經之人的生命。「上帝的道乃是我們的聖潔和公義，因為它是屬靈的食物。研究它就是吃生命樹的葉子。」（《懷氏書簡》17，1902年）

❸**祈禱**──信徒和教會若能重新認識到代禱的重要性，就會迎來靈命的甦醒（徒1:14；2:42；西1:3，9；腓1:3-5）。在善惡的大鬥爭中，上帝確立了基本原則：祂不會侵犯人類的自由選擇權；祂竭盡所能拯救每一個人；祂差遣聖靈感動人心；祂掌握每個人所遇到的景況。

代禱能為別人開啟天上的力量。上帝賜予生命的大愛是透過我們傾注在他們身上的。代禱是一條管道，上帝的智慧流經我們，澤惠他人。祂也賜下智慧，使我們知道如何與他人分享祂的愛。

藉著禱告，我們向上帝傾訴生命中的罪惡，這些罪是讓我們無法贏得生靈的絆腳石（詩51：10-12，13）。禱告也加深了我們對所求之事的渴望（太26：39），讓我們與屬天的智慧接觸（雅1：5）。我們的祈禱會讓上帝的工作更加強健有力（但10：12；雅5:16）。

長老可以透過尋找禱告夥伴、擬定禱告事項、帶領祈禱團、安排通宵禱告等來帶領教會的禱告事工。禱告會使人更感受到聖靈的引導。若要為基督贏得人心，就必須明白如何才能最有效地接近人，如何回答他們的疑問，如何吸引他們。透過禱告，上帝將引領我們接近那些最能夠打動其心的人。「要開始為生靈祈禱，要接近基督，靠近祂流血的肋旁。要以溫柔安靜的心作為生活的裝飾，並藉誠懇、痛悔、和謙卑的祈禱，向祂求智慧，使你們不但可以在救自己的事上，也在救別人的事上獲得成功。」（《教會證言》卷一，原文第513頁）

❹作見證──當信徒和教會再次注重見證時，就會再度復興。當門徒們與他人分享信仰時，他們的信心就增長。當他們見證自己對基督的獻身時，就成為強有力的信仰宣告者（徒1：8；2：32；9：15；22：14-15）。「若是你願意聽從主命，盡力去做祂所要你去作的工，引導多人歸向祂，你必覺得自己對於神聖的事情，缺少更深切的經驗，更博大的知識。於是你就會饑渴慕義了。」（《喜樂的泉源》，原文第80頁）

❺**裝備和訓練**——耶穌訓練、裝備祂的門徒。在〈使徒行傳〉中，他們照著耶穌所吩咐的去行。當信徒受裝備，接受訓練服務他人的時候，教會也開始增長。主吩咐祂的門徒要跟從祂，說：「來跟從我，我要叫你們得人如得魚一樣。」（太4：19）接著，耶穌花了三年半的時間來訓練和預備祂的門徒，要他們進入世界，滿足人在肉體和靈性上的需要（弗4:11-12）。

「每一個教會都應該成為基督之工人的訓練學校。教會須把怎樣與人查經，怎樣教安息日學學課，怎樣去勸勉未曾悔改的人，以及幫助窮人看顧病患的最好方法，教導信徒。此外還當設立健康學校，烹飪學校，和各種服務工作的訓練班。」（《論健康佈道》，又名《服務真詮》，原文第149頁）

「一個曾為聖工受過良好訓練和教育的工人，在基督之靈的控制之下，會完成比十個知識缺乏、信心軟弱的工人出去所能完成的工作大得多。」（《佈道論》，原文第474頁）

每個教會都應當培養信徒，以某種形式的服務來作上帝的見證人。當信徒們受了服務的裝備，有能力以見證人的身分，開展以《聖經》為基礎的事工來接觸他們的社區，那麼教會將經歷快速的增長。

三、社區佈道事工

教會若有一項計劃得當的社區佈道事工，來滿足人們的身

體、心靈、社交和靈性的需求，教會就會增長——門徒們也是這樣做的（徒3:6；6:1-4）。

「只有基督的方法，能有感動人的真功效。救主與人同居同處，確是一個為人群謀利益的人。與人表同情，供應他們的需要，以此博得他們的信任，然後再吩咐他們『來跟從我』。」（《論健康佈道》，又名《服務真詮》，原文第143頁）

如果有一天教會關門或是消失不見，所在的社區會注意到這件事嗎？跟隨耶穌的人也要像祂那樣，滿足人在身體、知識、情感和靈性上的需求。不斷成長的教會有各種各樣的事工來滿足不同群體的需要。靈性世界猶如自然界一樣，都有收割的法則。想要收穫一種農作物最基本的要求是先播種。沒有農民會指望上帝憑空給個奇蹟，讓還沒有播種的種子茁壯成長。

收割——當上帝的話語藉由宣講《聖經》和公眾佈道而分享出去時，教會就會增長。門徒們都是大有能力的傳道士，新約教會也將這項事工放在首位。他們滿懷信心，期待聖靈的祝福，與他人分享上帝的話語（徒4:31；5:42；8:4）。「教會乃是上帝為要拯救人類而設的機構，她是為服務而組織的，她的使命乃在將福音傳遍天下。」（《使徒行傳》，原文第9頁）

如今上帝正在預備一場前所未有的末後大收割，這會讓我們無比驚奇。它可能發生在家庭聚會的小組中；可能透過教堂

裡的福音佈道會；也許透過衛星使用大眾傳媒；或是在公眾佈道或研討會上。耶穌邀請我們與祂一同參與這場在世界歷史中最偉大的生靈收割。在西元一世紀，門徒們盼望著一場未來的豐收。莊稼已經熟了。就在他們眼前，但他們卻看不到，撒瑪利亞人盼望接受福音（約4：35）。如今同樣的情形就在眼前，莊稼已經成熟了（珥3：13-14）。

洗禮是進入上帝的家庭，並與祂的教會聯結的標誌。它象徵著接受耶穌基督為罪而死、被埋葬，繼而復活；向著舊時罪惡的生命死去，並在基督裡復活得新的生命。為受洗作準備，包括「凡我所吩咐你們的，都教導他們遵守」（太28：20）。基督復臨安息日會在基本信仰和浸禮約言（《教會規程》，原文第45-47頁）中總結了這一教導。那些想要加入教會的人需要明白它所代表的、以基督為中心的原則。在他們不明白所作的委身承諾前，不應貿然要求他們加入教會。

後續跟進與牧養——假如新信徒能受到妥善牧養，使他們成為上帝的見證者，那麼教會就會增長。「當男男女女接受真理之時，我們不應走開，離開他們，並對他們再沒有什麼責任。他們應當有人照顧。」（《佈道論》，原文第345頁）「在人們已經悔改歸向真理之後，他們是需要照顧的。許多傳道人在努力到相當成效之時，熱心似乎就冷淡了。他們沒有意識到這些新悔改的人需要照顧、儆醒守望、幫助及鼓勵。不應當把他

們獨自撇下，成為撒但最強烈試探之獵物；應當教導他們明白其責任，應當仁慈對待他們、領導他們、探訪他們及同他們禱告。這些人需要那按時分配給各人的糧食。」（《佈道論》，原文第351頁）

受洗是在基督裡新生命的開始，也是與祂教會相契合的開端。它不是一劑能夠解決所有屬靈問題的靈丹妙藥。通常在受洗之後，新信徒會面臨一些他們一生中最為嚴峻的挑戰。他們需要得到照料，方能成長為成熟的基督徒。

以下幾項原則能夠幫助新信徒堅定信仰：

- **有意義的靈修生活**
- **接受裝備為他人服務**
- **參與服事他人的事工**
- **與他人分享上帝的話語**
- **在教會中結交新朋友**

當新信徒能夠積極地與他人分享自己的信仰時，他們的信仰也會變得更加堅固。任命新信徒擔任領袖職務不宜操之過急。剛開始時應將重點放在屬靈生活與見證上。以下是培養和訓練新信徒的方法：

- **設計一個活動，強化新信徒對教義的理解**
- **教導靈性持續增長的原則**

- 鼓勵個人的靈修生活和定期的家庭敬拜
- 要容忍新信徒犯錯或判斷錯誤
- 定期探訪
- 使他們融入教會的社交圈
- 教導他們基督復臨安息日會的生活方式
- 使他們參與見證和對外服務

個人靈修生活——向新信徒提供年度的靈修書籍，並和他們一起閱讀前幾章，幫助他們開始建立個人靈修生活。與他們分享如何才能經歷有意義的靈修生活。邀請他們參加家庭中或教會裡的《聖經》研究小組。強調分享個人見證的福氣，並建議他們施行「使徒行傳式」（ACTS）的禱告模式如下：

A——崇拜與讚美
C——認罪與悔改
T——感謝與感恩
S——恒切懇求

家庭探訪——在新約時期，當信徒們一塊兒吃飯、一起禱告的時候（徒2：42），他們的屬靈和團契的需要就在小組中得到滿足。探訪對新信徒來說是非常重要的，會讓他們感到家一般的溫暖。新信徒可能在教義上被說服，卻無法融入教會的生活，這是很可能出現的情況。雖然他們受了洗，但在這個新的團體中，他們仍會感覺自己是局外人，感覺不自在。但當他們

在教會中的熟人和朋友越多時，就越不容易離開教會。透過拜訪他們的家庭，可以表現出對新信徒的關愛。

在兩次探訪之間，偶爾打電話問候有助於鞏固教會的新信徒。送上一張鼓勵的字條，告訴他們你在為他們禱告。當他們沒參與教會敬拜的時候，如果有教會通訊和證道內容，可以送他們一份。如果他們幾次都沒來，要給他們打電話。他們離開的時間越久，就越難將他們帶回教會。

適應基督復臨安息日會的生活方式——在你與新信徒接觸的過程中，要將有關生活方式的問題教導他們，可以透過健康烹飪、手工麵包、設計營養均衡的食譜等方式。要幫助他們理解本會有關定期捐贈與屬靈恩賜的指引。

閱讀《聖經》和基督教書籍可以增強人的屬靈生命。「《先祖與先知》及《善惡之爭》兩本書，對於那些新近接受真道的人特別適用，使他們可以在真理中建立……在《歷代願望》、《先祖與先知》、《善惡之爭》，及《但以理書和啟示錄》等書中，都有寶貴的指導。這些書我們應當看是具有特別重要的價值，並盡每種力量使之呈現在人們面前。」（《懷氏書簡》229，1903年）

靈命守護計劃——為新信徒指定一位信心堅定的信徒作為靈命的守護者。一旦新信徒在教會中得以堅固，他們也可以成為其他人的靈命守護者。

靈命守護的首要目標是要使雙方成為朋友。因此，要考慮到兩個人有相似的興趣和背景。守護靈命並非是要做警員或法官。新信徒需要有人關心他們，為他們的幸福著想——幫助他們在靈性、情感、心智和社交上成長。

社交——新信徒在每個安息日來到上帝的家中時，同樣也在屬靈經歷上成長。在早期教會中，信徒在敬拜、佈道和讚美中，使靈性和社交的需要得到滿足（徒2：42-47）。鼓勵新信徒加入專為新受洗的人設立的安息日學班。邀請他們來家裡做客，以便更瞭解他們。教會若有野餐、露營或聯誼，要邀請他們加入。

參與和見證——在早期教會中，當新信徒積極地參與作見證和分享服事時，他們的靈性也在不斷增長。參與救靈的工作能夠加強信仰，引導人向主祈禱，更仰賴《聖經》的教導。

當裝備好的新信徒成為見證人和門徒時，他們在與不熟悉基督復臨安息日會的家人和朋友分享新信仰時，就會更加自在、更有信心。當他們具備了服務別人的能力，他們就會想要參與禱告事工、文字佈道、查經事工、家庭《聖經》研討事工、健康事工和兒童事工等。

尋回迷失的信徒——在迷羊、失錢和浪子的比喻中（路15章），耶穌闡明了我們應當關心那些從教會大家庭中迷失的家

人。在這些比喻中，丟失的原因和尋回的方法各有不同，但最終的結果都是一樣的：在教會大家庭和天國中，都有歡樂的筵席。尋回失落的信徒是一項富有成效的事工，長老應當參與其中。如果你充滿愛心地探訪他們，並以同情心聆聽他們，他們中的許多人就可以因著基督和祂的教會而被尋回。

要制定計劃來尋回離開或冷淡的信徒，首先要從教會名冊、教會信徒或失落之人的親友那裡收集名單。要與經常與會眾接觸的熱心信徒通力合作——例如文字佈道士、醫務人員或是商務人員。由於這項工作非常微妙，需要仔細挑選和培養拜訪離開信徒的人員。當他們探訪離開教會的人時，要以友好、坦率、寬容的方式接近他們，這是非常重要的。

要機智。要讓他們感覺放鬆自在，問一些問題讓他們能談論自己的情況。問問他們的家庭或工作，溫和友善地論到他們的孩子、家庭，或是嗜好。詢問是哪位牧師為他們施洗，他們何時何地參加第一次聚會，這樣漸漸地轉入他們過去在教會中的經歷。詢問他們是否想過回到教會，或是有沒有什麼事情造成阻礙？

要留心聽。以禱告的心，認真傾聽他們的訴說，留心感受他們表達背後的情緒。當他們開始暢談時，以傾聽來鼓勵他們繼續講下去。不要打斷他們，或者表達不同意見。他們可能會說出心中的傷痛，回顧自己停止聚會的時候。假如他們越說越

生氣，也要由著他們繼續說下去。他們痛苦的經歷需要發洩。人們一旦將感情發洩出來，多半會覺得輕鬆許多。

鼓勵他們相信上帝的愛。在探訪冷淡的信徒時，要在交談中保持中立，不要偏袒任何一方。探訪的目的是要給他們一個機會來解決造成他們不去教會的問題。不論是什麼問題，你都要向他們保證上帝是信實可靠的，設法使他們對上帝的愛與赦免建立信心。

尊重對方的信任。與冷淡的信徒的所有談話都應保密。尤其是當他們離開教會，是因為捲入了一些讓自己蒙受羞辱的事件。他們告訴你一些私人的事時，是出於信任的緣故；不要將他們所說的事情告訴任何人，否則就辜負了他們的信任。要向他們保證，沒有什麼罪是大到耶穌不能赦免的。要幫助他們將自己的罪帶到耶穌的腳前，並宣告祂潔淨罪惡的應許（約壹1:9）。

為他們禱告。在結束探訪之前，要為他們禱告，祈求上帝賜福他的家庭。在你個人的禱告中要逐一為這家庭的每個人提名禱告，也要請教會的領袖及信徒為他們能回來而同心祈禱。

邀請他們回教會。要向不常來教會的信徒保證，無論他們什麼時候準備好回教會，都會受到歡迎。他們可能不會立刻回來，可能還需要多幾次的聯繫。帶給他們的重要信息是：教會

關心他們，盼望他們能夠回來。當他們要回來時，要為他們開路。可以陪伴他們一起來教堂。要讓教會的信徒歡迎他們的回歸。要為他們順利、愉快地重返教會鋪平道路。

要愛他們。很重要的一件事，是要向冷淡的信徒保證他們是被愛的。在探訪的時候，你的態度可能會決定他們是回歸還是離開教會。不可羞辱他們，也不要讓他們有負罪感。要記住！「上帝差祂的兒子降世，不是要定世人的罪，乃是要叫世人因祂得救。」（約3：17）要表現出理解和寬容的精神。尊重他們的觀點。對他們的痛苦表示真誠的關心。幫助他們把心中的苦悶傾吐出來。代表教會為他們所受的傷害道歉。要多聽少說。不要比手畫腳。要有理解和耐心，建立起信任的關係。

「我們不要用不必要的指責加重他們的負擔。要讓基督的愛管束我們，使我們既溫柔又有同情心，為犯錯而離開上帝的人流淚。人的靈魂具有無限的價值，這個價值只能用為救贖它所付的代價來衡量。」（《證言》卷三，原文第188頁）

在教會裡施行這些原則，聖靈就會幫助你為基督培養堅強的門徒。新信徒將成長為堅定的基督徒。有些人會成為教會的領袖，許多人將會積極地與他們的親朋好友分享自己的信仰。如欲瞭解更多關於如何在地方教會發展及推行全面、整年度的佈道計劃，請至www.ministerialassociation.com。

第 **7** 章

教會牧養

CHURCH NURTURE

　　福音的好消息是「上帝就是愛」——這消息與耶穌時代的外邦安撫式宗教，以及誤解上帝的律法主義，形成鮮明的對比。即使在今天，雖然許多人知道基督豐盛恩典的好消息，但仍對上帝的認知有所扭曲，他們認為上帝是一位苛刻的暴君兼法官。然而耶穌的信息無論今昔，一直都是——上帝就是愛，祂的律法就是愛，祂的恩典也是愛。認識到上帝的這一品格，教會就會經歷敬虔的復興。我們所做的一切，不是為了藉著功績來贏得上帝的恩寵，而是祂已經將恩惠賜給我們了。

　　愛與合一是基督教的基礎。「我們因為愛弟兄，就曉得是已經出死入生了。沒有愛心的，仍住在死中。」（約壹3：14）「你們若有彼此相愛的心，眾人因此就認出你們是我的門徒了。」（約13:35）

　　團結給教會帶來力量。「五旬節到了，門徒都聚集在一處。」（徒2：1）「當教會的信徒和諧一致，弟兄姐妹彼此相愛，互相信任時，在我們的救靈工作中就有了相應的力量。」（《給傳道人的證言》，原文188頁）

　　基督的愛可以克服差異，並帶來合一。「最要緊的是彼此切實相愛，因為愛能遮掩許多的罪。」（彼前4：8）基督教愛的火焰能夠燒盡階級衝突、種族仇恨、社會分裂和神學爭議。但愛與合一不是偶然的；在教會中必須予以培養。講道、敬拜、公眾聚會可以在個人身上和團體中促進這些特質，但這還不

夠。彼此相愛並不僅僅是安息日聚會時坐在同一張長椅上，每週敬拜時間以外的交誼對於基督徒社群來說至關重要。「又要彼此相顧，激發愛心，勉勵行善。你們不可停止聚會，好像那些停止慣了的人，倒要彼此勸勉。」（來10:24-25）

一、禱告事工

耶穌教導門徒們在做任何事情之前要等待聖靈的洗禮。禱告是我們在善惡鬥爭中最有力的武器。

禱告的重要性——最具活力且不斷成長的教會重視禱告的事工。有的教友正為了持守信仰而奮鬥著，與他們一同祈禱可以幫助他們與上帝保持親密的關係。在地方社區中有需要的人往往會對禱告的建議有良好的回應。「我們當前最大和最迫切的需要，莫過於真正虔誠的復興……我們只有藉著蒙應允的禱告，才能覺察有復興的必要。」（《信息選粹》卷一，原文第121頁）

耶穌傳道工作的核心就是代禱。耶穌的習慣是要花很長時間向祂的天父祈禱，請求祂幫助那些祂所服事的人（太14:23；可1:35；路5:16）。《聖經》中記載了祂為其他人所獻上的禱告，來作為我們的榜樣（太6:9-12；約17:6-26）。使徒保羅同樣也做代禱的工作（羅1:9；弗1:16；西1:3）。對於使徒們來說，祈禱與講道同樣重要。他們所要選擇的執事，也是那些願意「專心以祈禱和傳道為事」（徒6:4）的人。

不論是私下禱告，還是在教友家裡禱告，長老都要代表教會和教友祈求上帝賜下福氣、力量、醫治、赦免、智慧和亮光。同心禱告的教會就有能力。當信徒們一起為別人禱告，並看到他們的禱告得到應允時，教會大家庭就體會到新的力量和活力。

〈使徒行傳〉表明，當信徒們同心合意禱告的時候，上帝的道就傳開了，教會也興旺起來（徒1：14-15；2：42，47；4：18-33；8：15-25；10：9-48；12：1-25）。教會領袖需要引導信徒一起花時間來尋求主——為彼此禱告、計劃，並培育祂所賜的果子。「上帝的應許（太18：19-20）是以教會獻上聯合的祈禱為基礎的，上帝會賜下能力來回應個人的禱告，而我們則可以期待上帝賜下更為偉大的能力，來回應眾信徒同心合意的禱告。所賜下的力量會與信徒的合一、他們愛上帝以及彼此相愛的心相稱。」（《懷氏書簡》32，1903年）

我們常常以祈禱作為聚會的開始或結束，但卻沒有花時間來求能使我們的事工更加有效的智慧和改變的心。幫助教友們尋找祈禱的同伴，並在每週的禱告會之外，定下團體一起禱告的時間。其中有些活動可以借助網路或電話來完成。撒但知道上帝的子民同心禱告所發出的巨大力量，「撒但的全軍若聽聞懇切祈禱之聲，都將顫驚不已。」（《教會證言》卷一，原文第346頁）

想要幫助信徒享受更為有效的禱告生活和事工，可以在www.ministerialassociation.com 和 www.revivalandreformation.org 上找到寶貴的資料。

二、禱告會

禱告會是教會讚美和團契的焦點——「凡真正尋求上帝交通的人必出現在禱告會中。」（《喜樂的泉源》，原文第98頁）加強禱告會的方法有很多，但最重要的就是禱告本身。禱告會應安排在方便的時間和地點，以小組或團體形式舉行，集中對禱告清單和代禱箱中的內容進行禱告。然而，不管時間、地點或方式如何，禱告會就是為了禱告。內容可以每週不同，以增加趣味性，但想成功要確保四項基本要素：

❶**計劃**——「必須向上帝尋求智慧，要制定計劃把聚會安排得有趣味和吸引力。民眾需要生命之糧。如果他們在禱告會上發現它，就會前來領受。」（《教會證言》卷四，原文第70頁）

牧師和長老有責任為禱告會做好準備和協調工作。這是培訓的好機會，可以請一位有屬靈恩賜的長老代替牧師來帶領聚會。要選擇適宜的房間。如果一個小組的人卻在一個大房間裡禱告，會削弱親密無間的團契氛圍，不容易取得成功。要準時開始，不必等所有人都到場。

可以考慮每週安排一次教會之夜，各種不同的活動可以同

時舉行，也可以按次序舉行。這種形式適合禱告會、前鋒會、委員會會議和唱詩班練習等活動。晚上可以提前一小時開始，一起吃些簡餐享受交誼時光。

相較於在教會中參加禱告會，有些人更喜歡在家裡以小組形式進行禱告。這樣的方式也有好處，因為小組比教堂更能營造出親密的氣氛。這樣有助於小組凝聚成緊密團結的集體。在這種輕鬆的家庭禱告小組的氛圍中，成員們會感覺更加自由。

❷**研經**──禱告會通常包括研究《聖經》。其目的要傾向於教導而非講道，時間通常控制在20分鐘之內。例如：學習基督復臨安息日會基本信仰、《聖經》中的一章或一卷、或是《聖經》中的人物。

❸**分享**──禱告會通常包括個人見證、反省和分享。要給人們機會分享上帝是如何回應他們的祈禱，這件事非常重要。這是上帝帶領和賜下力量的明證，能夠堅固信徒的信心，並帶給他們鼓勵。

這樣的機會對於會眾是有價值的，但是也要謹慎安排。「囉嗦冗長的言談和禱告在任何場合都是不合適宜的，尤其是在社交性聚會上。那些愛說話的人排擠了膽小之人的見證。最膚淺的人往往是最肯說話的。」（《教會證言》卷四，原文第70-71頁）

見證要簡短，內容要新。要問：「上帝為你做了些什麼？」「祂回應了你哪些禱告？」「你有哪些救靈的經驗？」見證的主題可以事先指定（例如：最喜歡的《聖經》章節、你如何成為基督徒等等）。有時最好可以事先請一兩位信徒談一談最近得蒙應允的禱告。

❹**禱告**──禱告會的目的就是禱告，而不是專給人作冗長且令人厭倦的背誦。「他們的禱告又長又刻板，令在旁聽的天使和人厭煩。我們的禱告應當簡短切題。如非要有冗長煩人的懇求，那就留在密室裡吧！讓上帝的靈進入你們心中，這就會掃除一切枯燥的俗套。」（《教會證言》卷四，原文第71頁）

開始禱告時，要引導組員們專注於具體的祈求，伴之以讚美和對上帝應許的宣告。鼓勵信徒們為別人祈求，不要只顧著自己的需求。巧妙的建議他們祈禱要簡潔，不要用禱告來講道或是喋喋不休地倒自己心中的苦水。準備一張列有禱告人員和事項的清單，這樣可以提醒我們上帝為祂的百姓所成就的事。

禱告會上所採用的禱告方式各有不同：

- 所有人組成一組一起禱告，也可分成若干小組。
- 參與者可以圍成一圈禱告，也可以自由禱告。
- 交談式的禱告可以由指定的領袖開始，然後由不同的參與者以簡短的一兩句話加入禱告。在聖靈的引導

下，當禱告的主題改變時，可能會有信徒希望再次禱告。這樣做可將代禱事項、服事彼此的需要，以一種令人愉快的互動祈禱方式相結合，讓參與者的心可以長時間保持警醒。在祈禱進行了一段時間後，可由領袖作結束禱告。

• 有時可以按照主題來禱告，例如讚美、感謝、赦免等，或是依據《聖經》的某一經文。

禱告沒有固定的模式。禱告越開放、自然，就越有意義。「當我們設法引人歸向基督，並在我們的祈禱中不忘救靈的重責，我們自己的心就必因上帝恩典使人甦醒的能力而感動；我們自己的感情就必產生更多神聖的熱忱；我們整個基督徒的生活就必更加切實，更加熱誠，更加虔誠了。」（《天路》，原文第354頁）若要獲取更多關於團體禱告的信息，請參見祈禱手冊（網址www.revivalandreformation.org）。

三、探訪

探訪教友對他們的靈性培養及成長極為重要，這是早期基督教會的核心事工。「他們就每日在殿裡、在家裡，不住地教訓人，傳耶穌是基督。」（徒5：42）「或在眾人面前，或在各人家裡，我都教導你們。」（徒20：20）新約教會的領袖在個人和公眾事工上都是齊頭並進的。

無論聚會前後，長老都要深入會眾之中，尋找那些需要鼓

勵和代禱的人。要早一點赴會，晚一點離開。不要只和朋友交談；要尋找那些正在困境中掙扎的人。友善地與他們打招呼，如果需要的話，就留心聽他們傾訴。個人事工也可以透過打電話進行。打電話與人分享《聖經》和禱告乃是一種有效的事工。透過這種方式，可以建立並維持禱告夥伴的關係。

不過最有效的個人事工莫過於探訪。要走出教堂，在信徒們日常生活的環境中探望、瞭解他們，這一點非常重要。

計劃探訪工作應當是長老會議的固定日程之一。探訪工作可以分派給在這項事工上有恩賜且受過訓練的教會領袖。此類計劃通常被稱為「教區牧養計劃」，參與者通常按照區域位置來組織。在一位男執事或女執事的幫助下，長老可以管理一個教區的探訪工作。由牧師和長老來帶領探訪計劃和其他工作，可以在團隊裡建立屬靈的力量。

探訪新受洗或新遷入的教友，會讓他們感覺到與教會的關係更近，教會也歡迎他們的加入。拜訪受洗兒童的家庭會給兒童和父母留下深刻的印象。他們永遠不會忘記有一位關心他們的教會領袖來拜訪他們。

要盡可能地將探訪時間做合理安排，這樣不但節省時間，也能配合被探訪家庭本身的日程和計劃。

最好是兩個人一起，而不是一個人去做探訪的工作。夫妻

就是很好的探訪小組。長老和受訓信徒也是不錯的組合。

以下七項建議可讓探訪成為祝福:

❶**預備**——祈求上帝讓你所說的話成為這個家庭的祝福。選一小段經文與他們分享。要選擇帶有應許的經文,例如詩46; 詩103:1-5; 詩121; 太11:28-30; 約14:1-3和啟 21:1-7。

❷**交朋友**——要善於交際,談話時要讓家裡的每個人都參與——只要他們願意。要讚美他們的家庭、居家環境、花園等等。當他們談起自己的興趣時,要聚精會神。

❸**讀經**——寒暄幾分鐘,將話題自然地轉到屬靈方面。如果看起來氛圍不錯,可以讀一段經文或稍加講解。講解不應超過一兩分鐘。

❹**詢問**——詢問他們有哪些需要代禱的事,這樣他們會自然地分享起自己的擔憂或牽掛。這時候與他們分享一些專門針對他們問題的經文可能會有所幫助。不過請記得,探訪的目的是要表示關懷,而不是回答問題。

❺**祈禱**——在適當的情況下可以跪下禱告,並邀請所有人加入祈禱。要特別為剛才所提出的要求或擔憂而祈禱,要記住方才所提到的名字。也要在禱告中記念不在家的家庭成員,並為這個家庭祝福。

❻**離開**——要在禱告所帶來的屬靈氣氛尚在之時馬上離開。在大多數情況下，三十分鐘的探訪就足夠了。

❼**記錄**——探訪過後，準備一份書面的探訪總結，記下相關人員的名字。寫下家人所關心的事以及你的印象。在之後的探訪中記得這些細節，會讓這家人感受到你的誠意。

四、小組事工

「應當組成許多的小組，作為基督徒服務的基本單位，這乃是那位永不出錯之主指示我的一個計劃。如果教會人數眾多，應當讓教友們組成許多的小組，不但為教友們工作，也為非信徒們工作。」（《佈道論》，原文第115頁）

摩西曾把以色列人按10人一組進行組織（出18章）。耶穌曾挑選12位門徒作為核心，並與他們度過了祂大部分傳道的時間。祂常常在人家裡施教（太13：36；17：25；可9：33；10：10）。新約教會的活動是以小組為中心的。信徒們一起學習、交通、分享、祈禱和團契（徒2：42，46）。小組聚會和家庭聚會的產生，部分是由於教會還沒有專門供會眾使用的產業。但如今，這種教會團契模式的某些要素依然被沿用，尤其是在大型教會，因公眾的聚會無法滿足培養屬靈成長和團契的需要。大型教會幫助並鼓勵信徒們結成小組，在各種共同的興趣和服務上團結一致。

一個基督徒小組通常由5到15人組成，他們在教堂或家中聚會分享，共同學習《聖經》、禱告、服事、娛樂及交通。教會小組的例子包括安息日學小組、佈道小組、家庭讀經小組、家庭禱告會、教會詩班和各種基於共同興趣的小組。聚會的時間地點由組員討論決定。比起教會正式的敬拜，這些小組聚會在形式上更加靈活、更加親切。

如今人們去教會的原因，很多時候是因為基督教中彼此支持的氛圍，而非尋求其教義。相反，大多數人不再去教會的原因，不是因為他們不相信教會的教義，而是因為他們得不到支持和友誼。比起教會的常規聚會，小組聚會的氛圍更有利於友誼的建立。那些還沒有做好加入教會準備的人，可能會覺得加入小組會更加自在，一來較為舒適，二來較少壓力。

家庭小組隨和的氛圍能使成員更容易邀請朋友和家人來參加。它們是教會對外服務的工具，而不是專門服務教會的信徒。家庭小組旨在透過《聖經》學習、禱告、團契和社區佈道事工來復興信徒靈命，吸引非信徒加入。這也是一種尋回冷淡信徒的方式。

家庭小組的聚會通常持續一個小時或一個半小時，包括四項基本要素：

❶**分享**——大多數家庭小組都會在每次聚會開始時安排分享時刻。將分享生活中的喜樂、祝福與失望作為聚會的開始是很自然的方式。它能減輕緊張的情緒，給予肯定和鼓勵，並營造出溫暖的團隊氛圍。鼓勵大家開口交流，不要讓任何一個人獨佔分享時間。

❷**學習**——小組可以事先選擇一本書或《聖經》中的章節來學習。組長可以用提問的方式帶領討論，例如上帝透過這段經文帶給你什麼教訓？

❸**禱告**——小組通常有一份禱告名單。要求小組成員在他們個人禱告中為彼此提名禱告。要尋找禱告同伴，如果無法每天見面，那麼就透過電話或其他電子設備彼此互相禱告。

❹**佈道**——小組成員應有意識地邀請非信徒加入小組。

小組聚會也可以在教會中進行。例如：

安息日學小組。當每週的安息日學班級延伸為小組時，能夠在服事及團契上發揮更大的作用。這一小組為在一般安息日學活動以外的見證、服務和社交活動提供了培訓空間。總會安息日學部將這樣的安息日學班級稱作「行動小組」（Action Units），並在其網站上提供相關資源。

研討小組。人們在結婚、嬰兒出生、遷居、離婚、喪偶等重大事情發生以後對教會產生濃厚興趣。所以教會可以定期舉辦家庭生活研討會、育兒課程、危機處理研討會、《聖經》學習班和其他有關身體、心理和靈性健康的課程來滿足這些人的需要。

支援小組。有著相同需要和關注的人是支援小組的工作重心。可以考慮為身體上有需求，婚姻和家庭面臨問題，為年輕父母、單身人士、女性、男性、老年人，以及從悲傷中恢復的人建立支援小組。

組織各種小組——要取得成功，就要對小組進行計劃和組織。首先要確定教會的信徒們有什麼需要和共同的利益。其次，確定建立什麼樣的小組能夠滿足這些需要。例如，可能需要新教友支援小組，教會職員祈禱小組，為當地學校學生設立週間讀經小組，或是與教會外的朋友建立關係的外展小組。

一旦確立了教會的需要和相關的小組，就要為每個小組挑選、培養適當的領袖。領袖一般透過個人邀請的方式招募成員。每個小組的相關資料應向會眾公開，讓每個人有機會加入他們所需要的小組。小組領袖需要定期開會，回顧各小組進展情況，並且相互支援鼓勵。

要讓組員們有機會對小組做出承諾。包括：

- 在約定的時間內每週聚會一次

- 盡可能參加小組聚會

- 在每次聚會前完成指定的學習任務

- 保護他人隱私

- 邀請其他人加入小組

為小組提供資源──可以利用各樣的資源來管理小組並培訓領袖。這些材料通常包括《聖經》研究大綱以及可供討論的題目。藉由精心準備和組織，小組可以幫助教會屬靈生活的發展，並與地方社區建立聯繫。

社交活動──教會的社交活動有助於信徒們在靈性、精神、身體和社會方面的均衡發展。倘若人們在教會中找不到社交及團契的機會時，他們就會去外面尋找。那些脫離教會社交活動的人，往往也會經歷到靈性上的分離。信徒們需要有被接納的感受，參與教會事務並且發揮作用。因此，教會必須有相關的活動和計劃，以培養歸屬感，將信徒團結起來。

社交活動也會使青年人和老年人彼此熟悉。他們通常不會被同樣的活動所吸引，但是倘若計劃得有創意，可以讓幾代人聚在一起，共度一個難忘的聯誼之夜。當人們互相交流時，就會創造出共同的回憶與經歷，將情感緊密地連在一起。

社交和娛樂活動可以幫助人們互相瞭解。比起正式的崇拜

聚會，這些活動可以提供更多互動的機會。教會的社交活動也會吸引信徒的親戚朋友共同加入。

社交委員會策劃並舉辦社交活動。活動的形式可能包括野餐、遊戲、聚餐、遠足、週末露營、教會退修會等等。這樣的活動將教會大家庭聚集在一個友好、放鬆的環境中，人們可以彼此瞭解，友誼也進一步加深。

雖然有些教友沉默內向，但也有一些性格外向的信徒，具備組織各項教會社交活動的屬靈恩賜。

五、輔導

信徒們有時會遇到危機，需要幫助。這些危機可能是靈性、人際關係、行為，或是由於失去親人或悲痛造成的。基督徒渴望去說明有需要的人，這是很自然的。當耶穌看到需要幫助的人時，「就憐憫他們」（太14：14）。長老應當成為有效且良善的傾聽者，並從《聖經》中提供明智的建議。

有效的勸導不僅要有良好的判斷力和洞察力，還要有能力辨別精神需求和病理需求之間的差異。若需要專業諮詢時，長老就不應插手介入那些需要經過訓練或擁有執照之專業人士處理的案例，否則情況可能變得更糟。不過，還是有一些方法可以鼓勵並幫助那些處在危機之中的人。以下指引可以幫助長老們瞭解何時以及如何進行勸導，以及在什麼情

況下採取其他方式：

學會傾聽──勸導的目的不是要為人們解決問題。第一個目的是要表示關切。傾聽會讓他人覺得他們很重要。第二個目的是要幫助被輔導者，把問題從情緒反應轉移到理性邏輯思考上。

最好不要太快給出建議。較好的方式是引導人們自己找出問題的癥結，而不是給他們一個解決方案或是你自己的意見。當他們處理這些問題時，要給予支持並認真傾聽。若是過度專注於尋找答案可能會造成對問題的誤解。偶爾回顧一下談話中的要點，有助於問題的總結和澄清。

要注意聽取雙方的意見。千萬不要假設某一方是完全沒有過錯的，或是這個人故意提供虛假的資料。在沒有聽取雙方意見之前，不要輕易下結論。

作為輔導者，不可忽視或忽略罪惡，但也不可論斷人，要向耶穌對待行淫被捉拿的婦人那樣對待你所輔導的人。在輔導的過程中所牽涉到的資料應當保密。但如果牽涉到刑事問題，就要告知受輔導者，這些問題需要由相關部門處理。

聚焦於解決的方法──勸導的目的是要找到解決問題的方法，而不是回到問題本身然後歸咎於其他人。以耐心、友善、關心的態度傾聽事情的來龍去脈雖然很重要，但幫助人們做到

饒恕，並且尋求解決的方法才是最終目標。為自己的行為承擔責任是解決問題的重要一步。

如果問題牽涉的其中一方不願意尋求解決的方法，那麼也許不可能解決人際關係的問題。在這種情況下，有一種值得一試的方式，就是協助相關的人找到耶穌基督的方式來處理破損的關係。

選擇一種方法——一個問題可能會有多種解決辦法，來尋求指導的人會很希望你能幫他們決定哪種方式是最好的。要鼓勵他們做出自己的決定。如果連他們自己都不認真地施行解決方案，那麼繼續花時間陪他們解決問題也就不那麼明智了。

祈禱——想要有效的輔導，禱告必不可少。這表現出長老對於接受輔導之人靈性狀況的關懷，也能鼓勵他們過一種嚴肅且持續的禱告生活。每一次輔導都以祈禱結束，表明上帝是我們最持久的幫助之源。

必要時請教專家——在需要專業知識、認證或執照的領域做諮詢輔導的工作，就已經超出了長老的技能範圍，不僅對接受諮詢的人有害，也可能給長老和教會帶來官司。分享生活的智慧，給予鼓勵和靈性上的支持，這些都是長老應該做的事。但是精神疾病或神經官能症的人需要專業協助。不要牽涉此類情形；要向牧師尋求指導，討論如何去做。多瞭解

在社區內是否有相關的機構可以推薦給需要幫助的人，這才是明智的做法。

　　在向異性提供諮詢服務時，應謹慎行事，防止對方對諮詢過程產生誤解，要注意以避免被捲入不正當的個人關係之潛在危險中。不要與異性單獨進行諮詢。為了保證資料受到保密，的確需要隱私，但是過分的親密是不允許的。諮詢室開著門或者開著窗也許是好辦法。

　　為了協助教會的輔導工作，可以成立支援小組，這樣有同樣需求的人不僅可以一起分享和尋求解決辦法，還可以互相代禱、彼此支持。資源中心備有書籍、小冊子和光碟可以提供如何處理危機的實用資訊和指導。

第 **8** 章

特別儀式

SPECIAL SERVICES

教會的特別儀式一般由牧師主持。但在牧師無法主持的情況下，責任就落在長老身上。當牧師不在或是牧師請求長老幫助的時候，以下準則會對長老有所幫助。本章內容與《牧師手冊》類似，因為無論牧師還是長老主持儀式，所應遵循的準則都一樣。

一、浸禮

浸禮表示向舊生活死去，並在基督裡開始新的生活。它表示一個人盼望成為上帝家庭中的一員，願意接受聖靈，並用祂所給的恩賜為他人服務。

長老要常常探訪、鼓勵預備參加浸禮的受浸者，並與他們一同查經。在舉行浸禮的那一天，長老可以扮演組織、指導、支持的角色。在某些情況下，可以由長老主持浸禮。「若是牧師出缺，教會的長老應向區會會長請求安排，為那些希望加入教會的人舉行浸禮。」（《教會規程》，原文第75頁）會長可以安排一位已按立的牧師，或是授權長老主持浸禮。

如長老獲得區會會長的授權主持浸禮，請遵循以下原則：

浸禮的地點——浸禮可以在室內或室外舉行，在教會的浸禮池或開闊的水域舉行。有時，浸禮可以在水箱、浴缸、游泳池和大水桶中進行。

浸禮的預備——在可能的情況下，盡量事先通知浸禮舉行

的時間和地點，以便信徒們可以前來鼓勵、支持、歡迎新教友。要給協助浸禮的人明確清晰的指示。要與男女執事協調，確保浸禮池已經預備好，一切所需用品均已到位。

浸禮袍——倘若教會有浸禮袍，那麼受浸者只需準備更換的衣物即可。記住，在需要接觸水的情況下，深色的厚衣服會更加適合，因為入水時衣服可能會漂起來，出水時又會緊貼在身上變得透明。在衣袍下擺加些重量可以解決此類問題。倘若教會無法提供毛巾，請受浸者自備。

在受浸者更衣室要提供適當的設施，要考慮到性別和年齡的問題。當受浸者年事已高、身體有疾病、殘疾或過重，就需要請一位長老或執事在浸禮時從旁協助。

浸禮中的接納——浸禮的重點是受浸者對信仰的宣告，以及信徒們歡迎並接納他們成為基督復臨安息日會的一員。浸禮儀式中的短講應特別指出這一點。浸禮儀式沒有固定的程序，但通常包括一些基本內容。

要讓受浸者有機會表達他們對基督和對教會的委身，表示他們接受上帝寬恕的恩典，接受祂的拯救以及改變他們生命的能力。這可以作為對浸禮約言簡短且肯定的回應，接著要有祝福和奉獻的特別祈禱。教會要有正式歡迎新受洗者加入教會的儀式，可以在信仰宣告或是浸禮儀式之後。在歡迎儀式上，要

頒發受洗證明，證明其基督復臨安息日會教友的身分。在某些國家，這一證書被視為合法的身分證明。

浸禮的舉行——當受浸者進入水中向你（牧師不在時主持儀式的長老）走來時，可以講一講他們是如何接受耶穌的。你也可以分享他們最愛的經文或他們的見證。

要牢牢抓住受浸者，確保他們也牢牢握緊你的手臂。這樣會給他們帶來安全感，尤其是對那些怕水的人。你要舉起手，作類似的浸禮宣告：「（受浸者的姓名），因著你愛耶穌，你願意將自己的生命獻給祂和祂的教會，作為你在基督裡罪得饒恕、得蒙新生的象徵，我現在奉聖父、聖子、聖靈的名為你施洗。阿們。」

接下來，用一塊布蓋住受浸者的口鼻，防止下浸時有水流入口鼻。然後輕輕地將受浸者向後浸入水中。請受浸者在入水的過程中微微屈膝，這樣整個浸禮過程會更加順利。要用力扶住他們，幫助他們站穩。由男執事或女執事幫助受浸者從水中上來，用大毛巾或毯子披在他們身上防止著涼，領他們到更衣室換上乾衣服。

浸禮的安全考量——要採取預防措施和行動，確保你和受浸者的安全。要記住以下事項：

如果浸禮是在流動的水域舉行，那麼施洗時受浸者的頭部

要朝著上游，或是順著波浪過來的方向。這樣水就不會將受浸者推走，反而有利於支撐其體重，而且水也不會灌入受浸者的口鼻。不要進入湍急的深水，或是波濤洶湧的海中。

要知道有些人是害怕水的。提前消除他們的恐懼，在施洗時用柔和的話語安慰他們。

用椅子或其他的可行的方法，將年長或身有殘疾的受浸者送入水中。與長老或執事協調，協助這一工作。

不要在水中使用話筒或其他電子設備。因觸電造成的休克可能導致人喪命。內置電池、不需要用電線連接電源的麥克風就不會產生這種危險。但是出於安全的考慮，不要觸摸任何可能帶電的物品。

浸禮後的歡迎——在所有受浸者禮畢後，要向會眾發出再次獻身的勉勵，宣佈下一次浸禮的計劃，並邀請任何想要受洗的人在儀式結束後來見你或其他長老。之後，可以為新教友和所有出席的人作奉獻的禱告。

在儀式結束的時候，通常會請受浸者、家人和靈命監護人站在一起，教友們會獻上祝福，並歡迎他們進入教會大家庭。

二、聖餐禮

聖餐禮是基督與門徒共進最後晚餐時親自設立的，是紀念

基督犧牲的時刻。它的莊嚴以及所帶來的團契精神,會鼓勵會眾,並帶來靈性上的復興。

舉行聖餐儀式是牧師或長老最神聖的職責之一。「凡與聖餐禮有關的每件事物,都應盡可能地有完全的預備。」(《佈道論》,原文第277頁)對與這一神聖禮節的遵守因地而異,雖然有些傳統並不見得有《聖經》的根據或要求,不過明智的做法是要以讓參與者感到舒服自在的方式進行。

舉行聖餐的次數──基督復臨安息日會的慣例是每一季舉行一次聖餐禮,通常是在每季的最後一個安息日,或是在新一季的第一個安息日,不過這並沒有嚴格規定。《聖經》並沒有規定舉行聖餐的次數或時間,只是說:「你們每逢吃這餅,喝這杯,是表明主的死,直等到祂來。」(林前11:26)

除了每季的事奉之外,聖餐禮也可以在其他時間舉行,例如新年佈道會或是禱告週結束的時候。應將聖餐禮列入教會的年曆表,要提前通知,這樣教會領袖就有足夠的時間準備。

主持聖餐禮──經過按立的牧師和長老,被授權主持聖餐禮。男執事和女執事則負責分發無酵餅和葡萄汁,並安排謙卑禮所需的用品。

參加者──基督復臨安息日會採取開放式聖餐禮,任何委身於基督的人都可以參加。「基督的榜樣不許祂的門徒排斥他

人參加聖餐。聖靈固然明白指示公然犯罪的人不得參加聖餐。但除此之外，沒有人可以擅自論斷別人。上帝並沒有讓任何人來決定誰可以參加這禮節；因為誰能洞察人心呢？」（《歷代願望》，原文第656頁）參加與否要聽從個人的良心，沒有其他任何權柄可以加以限制。保羅說：「無論何人，不按理吃主的餅，喝主的杯，就是干犯主的身主的血了。」（林前11:27）

兒童參加聖餐禮的具體年齡沒有規定。「本會採取開放式的聖餐禮。凡已將自己的人生交托給救主的人都可以參加。兒童觀看會眾參加後，便能明瞭這項聖餐禮的意義。慕道友以後在浸禮查經班裡接受了正式的教導，並領浸將自己交托給耶穌之後，他們就準備好可以參加聖餐禮了。」（《教會規程》，原文第126頁）

講道——若遇到聖餐禮時，整個崇拜聚會的程序，包括證道，都可以縮短時間，這樣聖餐禮就可以放入到安息日的敬拜中了。對於安排多次崇拜聚會的教會來說，合理地分配時間尤為重要。聖餐禮的講道通常是在謙卑禮之前。講道時間應控制在十分鐘左右。因為聖餐禮的重點不在於講道，所以有些牧師會選擇在前一個安息日以聖餐禮為講道主題。

謙卑禮——〈約翰福音〉中記載，耶穌為門徒洗腳是最後的晚餐中不可或缺的一個環節。耶穌「就離席站起來，脫了衣服，拿一條手巾束腰，隨後把水倒在盆裡，就洗門徒的腳，並

用自己所束的手巾擦乾」（約13：4-5）。完成後，祂回到桌前坐下，說：「我是你們的主，你們的夫子，尚且洗你們的腳，你們也當彼此洗腳。我給你們作了榜樣，叫你們照著我向你們所做的去做。」（約13：14-15）

在崇拜聚會的過程中舉行這一禮節，是遵循主的晚餐的最初順序，洗腳也是發生在那天晚上的中間時段。在謙卑禮中，我們讓別人洗我們的腳，或是跪下來為別人洗腳，都能學得謙卑和服務的教訓。

如果男女信徒希望分開洗腳，就尊重他們的意願制定條例。「如果地方文化可以接受並且能夠確保服裝得體，可以安排夫妻之間或父母子女互相洗腳。」（《教會規程》，原文第182頁）要特別照顧身體上有缺陷的人。

男執事和女執事負責提供盆、水和毛巾。還要另外準備洗手盆、肥皂和毛巾，這樣信徒們進行完謙卑禮後可以洗手。洗完腳後信徒可以返回主堂。另外，可以為不參加洗腳禮的兒童安排故事分享時間。

主的晚餐——當參與事奉的領袖們在聖餐桌前聚集時，安排唱與聖餐主題相關的讚美詩，或是樂器演奏，營造一種安靜默禱的氛圍。在聖餐禮前後，桌上的餅和杯應被遮蓋起來。聖餐主持人要揭開餅上的布，念一段相關的經文，例如林前11：

24。當主持人求上帝祝福這餅時，會眾保持低頭靜坐，在聖餐桌旁事奉的人要跪下。

當他們站起來後，主持人象徵性地擘開一部分餅，大部分的餅應在聖餐禮前擘好。桌上可以放一碗水和一條毛巾，擘餅前可洗手以示衛生。接著，主持人將盛餅的托盤遞給執事，由他們負責將餅分發給會眾。當執事回來時，由長老奉餅給執事，主持人奉餅給長老。接著主持人重複宣讀經文，如太26：26耶穌的話，帶領會眾吃餅，然後默禱。

接下來，主持人蓋上餅，掀開葡萄汁上的布，讀一節經文，例如林前11：25。由一位長老為這杯獻上祝福的禱告，接著重複進行分發的過程。主持人選擇合適的經文重複宣讀，例如太26：27中耶穌的話，帶領會眾分享葡萄汁，然後默禱。如果長椅上有杯架，會眾可將用過的杯子放在那裡。如果沒有，由執事們用托盤收杯，然後將托盤放回聖餐桌上，用布蓋起來。

有些聖餐餐具的設計是可以同時發無酵餅和葡萄汁。在這種情況下，儀式還是如上述程式進行，在分發前要為餅和葡萄汁獻上祝福的禱告。參與的會眾可以同時領取餅和葡萄汁，並等待主持人帶領他們一同享用。建議每個人都有單獨的聖餐杯，這樣全會眾就可以一起喝葡萄汁，並且避免了用同一個聖餐杯帶來的健康疑慮。

在分享完餅和杯後，有些地方的慣例是留出作見證的時間。由於聖餐禮時間較長，會超出平時崇拜聚會的時間，所以作見證的時間最好要進行合理的控制。

結束時要唱一首讚美詩，就像主的晚餐一樣，門徒們唱完詩就出去了。可以選擇大家都熟悉的讚美詩的一段，清唱會顯得更親切自然。會眾離開時通常會有對窮人的奉獻。

聖餐禮結束後——剩下的餅和葡萄汁要以恭敬的方式處理。對於要如何處理，《聖經》並沒有明確的指示或禁令。長老、男執事和女執事有責任為那些因身體緣故不能出席聖餐禮的人提供聖餐。如有需要，牧師可參與這項工作。在環境條件不允許的情況下，可免去洗腳禮。

聖餐的預備——聖餐要用未經發酵的餅和葡萄汁。在找不到葡萄或葡萄汁的地方，可以用葡萄乾製成汁來代替。有些偏遠的地區實在找不到這些物品，可由區會提供適當的方式來替代。

聖餐用餅配方——教會可能會有常用的聖餐餅配方。以下是基本材料：

- 一杯麵粉（全麥麵粉最佳）
- 1/4茶匙鹽（可選）
- 2湯匙水
- 1/4杯橄欖油或植物油

將麵粉和鹽一起過篩。將水倒入油中，但不要攪拌，然後倒入麵粉中，用叉子攪拌，直到麵團拌勻成型。擀至大約1/8英寸或3毫米的厚度。放置在不抹油、撒上麵粉的烤盤上，用刀劃成小塊。以華氏450度（攝氏約230度）烘烤10—15分鐘，直至呈現微棕色。最後幾分鐘時要仔細觀察，以免烤焦。以上材料為五十人份。

三、婚禮

婚禮是教會最快樂的慶祝活動之一，也是一項令人愉快的責任。這是一次向新婚夫妻及其家人和朋友服事的機會。「家庭的關係是世界上最親密、最溫柔、最神聖的關係。這種關係的建立是要造福於人類。只要憑著敬畏上帝的心，理智地締結婚約。」（《復臨信徒家庭》，原文第18頁）

婚前輔導／諮詢　雖然安排婚前諮詢會在具體實施上有些困難，但是這為婚姻作準備的重要一步不應當被忽略。婚禮通常應當提前安排好，可以空出充足的時間進行諮詢。「敬拜上帝、遵守安息日、娛樂、社交、對財物的使用以及教養兒童，都是幸福家庭關係的重要組成部分。在這些方面的差異能夠導致關係的惡化，使人心灰意冷，甚至完全喪失作為基督徒的經驗。因此，對婚姻的充分準備應當包括在這些方面進行婚前的諮詢。」（《教會規程》，原文第13章）

由於婚前性行為如今非常普遍，透過性傳播的疾病在世界

上也十分猖獗。如果任何一方在婚前曾有性行為，應當在婚前坦誠並進行仔細檢查。

法律要求——婚禮的主持人應瞭解當地司法機關對於婚姻的法律和要求。若牧師未被法律授權可以主持合法婚禮，那麼新人可以先舉行法定儀式，之後由牧師主持宗教婚禮儀式。

本會的要求——「在婚禮中，只有牧師才有主持立約、宣誓及公佈成婚的權力，除非在某些地區經分會的執行委員會議決揀選、給予許可或委任證明和被按立為當地教會長老的傳道人才可主持婚禮。」（《教會規程》，原文第75頁）

不適當的婚姻——「如果夫婦兩人被同樣的信仰價值觀和生活方式結合，婚姻就更可能長久、家庭生活更可能成就神聖的計劃。有鑑於此，本會強烈不鼓勵基督復臨安息日會的信徒與有其它宗教信仰的人結婚，並且強烈主張本會牧師不要主持這樣的婚禮。」（《教會規程》，原文第154頁）

「婚姻的幸福和成功，有賴乎雙方的同心聯合；信主的和不信主的人之間，在嗜好、心情和志向上都是根本不同的。他們是在事奉兩個彼此不能和諧的主。無論一個人的節操是多麼純潔正確，但他那個不信主之配偶的影響，總有引誘他離棄上帝的可能。」（《先祖與先知》，原文第174頁）

不適宜再婚的情況——《教會規程》第15章解說婚姻、離婚

和再婚的情況，列出有關離婚後再婚的十個條件。根據這些條件，本會聲明如下：「若沒有《聖經》的依據，任何牧師都無權為再婚者主持結婚儀式」。

不適當的儀式——教堂婚禮既是法律的契約，又是屬靈的承諾。若婚禮的世俗成分超過屬靈成分，在教會看來是不合適的。

婚禮指南——教會必須制定婚禮指南，指導那些要求在教堂舉行婚禮的人如何使用相關設施。

此類準則可能有所不同，但應當包括以下問題：

- 誰可以使用教會設施舉行婚禮
- 誰可以主持婚禮儀式
- 什麼樣的裝飾比較合適
- 什麼樣的音樂比較合適
- 服裝標準是什麼
- 攝影指引
- 接待指引（如在教堂舉行）
- 費用
- 所提供的設備及服務

觀禮者——婚禮上可能會有非教會成員前來觀禮。只要符合教會的相關標準，就不應加以限制。

婚禮策劃

簡潔──雖然牧師和長老不應掌控婚禮儀式的細節和計劃，但要鼓勵以簡潔、實惠為主。「婚姻結合的進行，每一步驟都當含有真誠懇切和貞潔的精神，和切心討上帝喜悅榮耀上帝的性質。」（《論健康佈道》，又名《服務真詮》，原文第359頁）

提前計劃──在婚禮的策劃階段，應當與新人一起討論儀式的細節。有些教會設有婚禮協調員，他們會提供相關建議，例如新人的家人在觀眾席的位置、觀禮者的位置和其他儀式細節。

彩排──大多數來參加婚禮的人都不習慣站在觀眾面前，可能會感覺不安和緊張。彩排可以幫助他們緩解緊張感，也能在某種程度上保證婚禮順利進行。

婚禮儀式程序──本會沒有規定婚禮的儀式。婚禮習俗因文化傳統的不同而有別。在家中舉辦的婚禮通常比在教堂舉行的儀式要簡單得多。婚禮也要看個人的喜好。參加在家中舉辦的婚禮通常是受邀參加，而教堂婚禮則可以對任何人開放。

四、兒童奉獻禮

雖然教會沒有特別規定，但將孩子奉獻給上帝是有《聖經》依據的慣例，也是基督復臨安息日會的傳統。兒童奉獻禮與嬰兒洗禮不同，兒童奉獻禮遵循《聖經》中馬利亞和約瑟將嬰兒耶穌獻給上帝的例子（路2:22）。

在耶穌為小孩子們賜福之後，馬可福音10：14講了另一個例子。之後祂「抱著小孩子，給他們按手，為他們祝福」（可10：16）。「福音的佈道士應當把小孩子抱起來，奉耶穌的名給他們祝福。要對小孩子說最溫柔仁愛的話；因為耶穌曾把羊羔抱在懷裡，祝福牠們。」（《佈道論》，原文349-350頁）這一禮節是要感謝上帝賜下生命的奇蹟，使父母與主立約要以基督的愛養育這孩童，讓會眾支持父母來承擔起責任，並將這孩童獻上為上帝服務。雖然這項服事以家庭參與為主，但請注意，不要讓單親父母感到尷尬或被排斥。

禮節的計劃——兒童奉獻禮可在家中或其他場合舉行。不過通常是選在教堂中，作為安息日上午崇拜聚會的一部分。通常由牧師主持這項儀式，但長老也可以主持。為了紀念這次儀式，應事先預備好兒童奉獻禮證書，並在舉行奉獻禮時頒發給家長。證書通常可以在本會書室或其他基督教書房買到。

時間安排——兒童奉獻禮的舉行通常是應家庭的要求。安排儀式時，要給父母留出足夠的時間策劃，並讓家人和朋友們也能撥冗出席。

年齡——沒有規定說明什麼年齡的兒童應當參加奉獻禮，實際上大多數兒童是在嬰兒時期就進行奉獻禮。這一決定完全取決於父母。

舉行儀式——要邀請父母帶上孩子來到會眾面前。可根據場地的大小和參與奉獻禮的兒童人數，來決定能否邀請家人和朋友一同上臺來。當這些家庭走上台前，會眾可以選一首合適的讚美詩來唱。整個儀式要簡短，要知道孩童可能會變得不耐煩或緊張。要對賓客們表示特別的關注和歡迎。有些可能不是信徒或是對兒童奉獻禮也不熟悉的客人，若要求也讓他們的孩子參加奉獻禮，這是可以接受的，也許透過這項儀式，他們也能與教會熟悉起來。

講道——講道應簡短，要強調父母的誓約以及會眾的責任，要「照著主的教訓和警戒」（弗6：4）養育這孩子。可選用以下的經文：

- 申 6：4–7
- 詩 127：3–5
- 箴 22：6
- 賽 8：18
- 太 18：2–6，10
- 太 19：13–15
- 可 10：13–16
- 路 2：22–38
- 路 18：15–17

勸勉結束後，可以用以下的話來作為承諾：「你們將孩子

奉獻給主，就是接受了一項神聖的職責。透過這個象徵性的禮節，你們是要表明你相信這個孩子不僅適合你們的，更是上帝的。會眾與你們一同將這孩子獻給上帝，他們承諾要幫助你，直到孩子長到可以受洗的年齡，成為教會大家庭的正式成員。所以你們必須承諾，要盡你們所能，按照主的教訓和警戒來撫養這孩童。你願意與主這樣立約嗎？」

禱告——牧師可能希望能抱著孩子作奉獻禮禱告。但如果孩子害怕陌生人，最好是由父母抱著孩子，牧師將手放在孩子的頭上。若有許多孩子參加奉獻禮，牧師以及協助的長老可以按手在孩子們的頭上。對於每個孩子和家庭來說，奉獻禮必須是與個人密切相關的。在禱告中提說孩子的名字會使人感覺親切。

證書——禱告結束後，要向父母頒發兒童奉獻禮證書，並要向這一家人表示關愛與支持。兒童安息日學部的領袖也可以參與這段時刻的表達。

五、為病人禱告

教會領袖應為醫治而禱告——無論是身體的、情緒的和靈性的醫治。「你們中間有病了的呢，他就該請教會的長老來；他們可以奉主的名用油抹他，為他禱告。出於信心的祈禱要救那病人，主必叫他起來；他若犯了罪，也必蒙赦免。」（雅5：14–15）

抹油儀式不應用在小病上，但也不是專門用作臨終的儀式，應當用於身體、情緒或靈性上的重症或羸弱病況上。抹油不是用來給彌留之人帶來祝福，而是要給活著的人帶來醫治的祝福。在這一時刻，我們要全然信靠上帝來解決嚴重的問題。在這一時刻要認真反思，對上帝旨意的委身，在信心的祈禱中，上帝復原的大能和恩典將要賜下。油本身並沒有什麼神秘的力量。雅各和早期教會都很清楚，他們是將自己放在上帝的手中，相信祂的旨意必在他們生命中得以成全。正是因著這一意義，教會繼續實行抹油這一神聖的儀式。

早期基督復臨安息日會領袖經常舉行抹油儀式。懷愛倫和她的家人曾因各種疾病多次接受抹油禮。

抹油禮的申請

通常由病人或其家人提出抹油的要求。有時教會信徒也可以提出申請。牧師無需去判斷是否值得這樣做，只需要按照《聖經》的教訓為病人禱告。

抹油禮是一項非常個人化的活動，針對個人的特殊需要。它既不是供人觀賞的活動，也不是治療的服務。利用它來吸引多人的注意其實是扭曲了它原有的目的。不過，如果受膏抹的人願意，也可以在教會的家人面前行抹油禮。

主持——在徵得牧師的同意後，教會長老可以在牧師不在

的情況下主持抹油禮。最好是由牧師來主持，長老從旁協助。主持抹油禮的領袖們應當委身於基督，堅定相信祂醫治的大能，並為此預備好心靈。

地點──抹油禮可以在教堂、家中、醫院、護理機構或任何需要的地方舉行。如果是在醫院裡進行，要確保你不會對醫療過程造成干擾。時間的長短和儀式的規模要視地點和病人的狀況而定。

觀禮者──除了牧師和長老以外，病人可能希望邀請家人和朋友來參加。一般來說，在場的大多是基督徒，如果非基督徒希望留下來，也要表示歡迎。

受禮者──接受抹油禮的病人也許不願意透露具體病情。在這一點上要予以尊重。應當鼓勵病人在抹油之前檢視自己的生命，要相信上帝的愛、恩典和饒恕。在為抹油禮準備的時候，讀一讀《論健康佈道》（又名《服務真詮》）第16章〈為病人祈禱〉可能會有幫助。在病人面前說話要注意，特別是當你認為他們已失去意識，無法聽到別人談話的時候。雖然也許你看不出來，但他們有可能聽到而且明白周圍所發生的事情。

抹油禮的程序──主持人要先解釋抹油的意義及程序。要讓病人明白，有信心的人為求醫治而獻上的禱告總會得到回應──也許立刻蒙垂聽，也許要過一陣子，也許得等到基督復臨

萬物得以復興之時。受膏抹的病人也許希望解釋要求抹油的緣由，並見證他們對上帝的信心。

閱讀經文。在抹油之前，可以選擇閱讀以下經文：

- 雅5：14–16
- 詩103：1–5；107：19–20
- 可16：15–20

抹油禱告——通常跪下禱告較合宜，但如果是在醫院的病床前可能不太容易。如果受膏抹的人想要禱告，就請他們先禱告，再由其他領禱者禱告。牧師或長老應在最後獻上結束禱告。禱告結束時，用兩三根手指將油抹在病人的額頭上，象徵聖靈的觸摸。通常使用橄欖油，但也可有其他選擇。

六、趕鬼

《聖經》中談到了被鬼附的情況。「因我們並不是與屬血氣的爭戰，乃是與那些執政的、掌權的、管轄這幽暗世界的，以及天空屬靈氣的惡魔爭戰。」（弗6：12）雖然這種鬥爭並非在所有的地方都以同樣的方式呈現，但有時魔鬼的力量十分明顯。

魔鬼附身有許多種方式。在耶穌傳道的初期，祂遇到一個被鬼附的人，認出祂是「上帝的聖者」（可1：23–26）。耶穌只是簡單吩咐那鬼「不要作聲！從這人身上出來」，這人就好了。當天晚上，「有人帶著一切害病的，和被鬼附的……耶穌

治好了許多害各樣病的人，又趕出許多鬼」（可1:32，34）。

格拉森的瘋子是被一「群」鬼所控制（可：1–20），路加則記載了耶穌趕出一個叫人啞巴的鬼（路11：14）。所有這些例子，模式都是相同的。耶穌只是吩咐他們出來，他們就聽從祂的話。當「耶穌叫齊了十二個門徒，給他們能力、權柄，制伏一切的鬼，醫治各樣的病」時（路9：1），門徒也能做同樣的事奉。「基督所差遣出去的那七十個門徒，也像十二個使徒一樣，領受了超自然的天賦能力，作為他們所負使命的印證。他們在使命完成之後，就歡歡喜喜地回來說：『主啊，因祢的名，就是鬼也服了我們。』」（《論健康佈道》，又名《服務真詮》，原文第94頁）

這項服事在早期教會中繼續開展。新信徒「帶著病人和被汙鬼纏磨的，從耶路撒冷四圍的城邑來，全都得了醫治」（徒5:16）。當腓力宣講完耶穌後，「許多人被汙鬼附著，那些鬼大聲呼叫，從他們身上出來」（徒8:7）。從《聖經》的描述來看，對於被鬼附的情況，應當奉耶穌的名直接吩咐鬼出來（有關鬼附身的詳細論述，在《基督復臨安息日會聖經注釋》第五卷〈馬可福音〉第一章的補充說明中，原文第575頁）。

屬靈的預備——在前往現場之前，要確保向上帝承認所有已知的罪。要問心無愧地祈求上帝。要記住，只有對聖言的作者耶穌基督有活潑的信心，才能獲得勝利。即使參與趕鬼的人

曾犯錯，或覺得自己一無是處，只要謙卑地承認自己的錯誤就可以使他們有力量去信靠上帝。

「在這樣的苦難中，撒但已經控制了人的心思，在禱告之前，應當盡可能地自我反省，看看是否有罪惡需要悔改、承認並徹底離棄。在上帝面前必須深深地謙卑，要堅定、謙卑，單單依靠基督寶血的功效。當我們的心因錯誤的行為而與上帝疏遠時，禁食和禱告不會有任何果效。」（《論健康》，原文第605-606頁）參閱賽58：6-7，9-11獲得進一步的說明。

進行趕鬼——首先，對情況進行評估，確認是鬼附身的情形。然後，在條件允許的情況下，參與趕鬼的小組應圍在被鬼附之人的身旁。接下來，手裡拿著打開的《聖經》獻上禱告，祈求上帝將鬼趕出，拯救受害的人。每一位在場的長老或牧師都可以獻上禱告。要有「忠心信徒的懇切祈求」（《教會證言》卷一，原文第299頁）。「義人祈禱所發的力量是大有功效的。」（雅5：16）

要記得，力量並非來自祈禱本身，而是那位聽人祈禱的主。禱告也不是要與魔鬼辯論。熱切的祈禱是要帶來天上的力量，來與地上的邪惡勢力交戰。因此，所有的祈求與溝通都應當直達上天。將《聖經》中上帝切實的應許作為你的幫助。

〈寶血中有力量〉、〈恩友耶穌〉、〈求主同居〉、〈古舊十

架〉和〈萬古磐石〉等讚美詩，可以在禱告之間歌唱。

> 代禱時可以宣告《聖經》中的應許：
>
> - **詩**91；34:7；37:40；121:2-7；6:4；25:16-21；31:1-4；40:11-14；50:14-15；70:1-2；71:1-5；72:12-14；143:9-11
> - **王下**6:16
> - **賽**41:10
> - **約一** 4:4
> - **鴻**1:7
> - **林後** 10:3-5
> - **耶**1:19；15:20-21
> - **太**6:9-13
> - **羅**7:24-25

　　代禱要持續進行，直到被鬼附之人明顯得到釋放。禱告小組不能讓任何狀況分散他們對目標的關注。如果堅持，這人就能得到釋放。主曾應許說：「信的人必有神蹟隨著他們，就是奉我的名趕鬼。」（可16:17）

七、喪禮

　　死亡是對伊甸園完美生活的破壞，是由罪惡造成的，這與作為創造者和賜予生命的的上帝的本性截然相反。它是一切美

好事物的仇敵，摧毀生命的歡樂與計劃。雖然這是艱難且可怕的責任，但也給人們一個機會來紀念所愛的人，並安慰失去親人的人。要將目光聚焦於基督復臨的時刻，也就是「盡末了所毀滅的仇敵就是死」（林前15:26）的時候。

傳統和文化——對於喪親之人的服事固然要注意尊重傳統和文化，但還是要遵循基督教的原則以及《聖經》對死亡的詮釋。各地的教會可能也有獨特的葬禮習俗，同樣需要尊重和遵守。有些地方要為喪親的家庭送食物，有些則是舉行完葬禮後要在教會吃一餐飯。有些是在教會舉行葬禮，有些則是在殯儀館舉行。有些人安排與喪親家庭守喪時瞻仰遺體，有些則是安排在喪禮的開始或結束的時候。還有些地方會省略這一環節。在計劃喪禮前，理解教會的葬禮傳統是很重要的。由於各地的文化與教會有別，所以這裡僅列出基本方針。可以因地制宜加以實施。

去喪親家庭致哀——當得知某人的死訊後，要儘快聯繫其家人，並前去致哀。在這個悲傷的時刻要說鼓勵、安慰的話，為他們讀經或祈禱——不是神學上的高談闊論。在震驚和悲痛中的人可能對你的話沒有什麼反應，但當他們後來回憶的時候，會記得你來到他們身邊表示關懷。

提供教會的幫助——可以幫他們做很多事情：通知親人和朋友，接電話，幫忙照顧孩子，準備食物，或為客人預備房間。

　　牧師和長老要提供幫助——由於只有少數教會領袖可能會有策劃喪禮的經驗，因此喪親家庭很少會考慮使用教會的服務。家人可能會出於情感考慮來選擇主持喪禮的人。如果選擇其他人來主持葬禮，這也並非是對牧師或長老的冒犯。他們可能需要幫助來聯繫提供扶棺人員、喪禮音樂和相關服務的人。

　　喪禮主持人——喪禮不一定要由受過按立的牧師來主持。牧師若不在，或應喪親家庭的要求，長老或教會領袖可以主持喪禮。逝者的親朋好友可以從旁協助，誦讀訃告、經文、祈禱或悼詞。一般來說，殯葬業者會安置逝者的遺體，並且提供安葬的細節以及所需的法律文件。

　　瞻仰遺容——瞻仰遺容時要尊重地方的文化習俗。有些地方會邀請親戚朋友到殯儀館作遺體告別。有些地方則要守夜，遺體放置在家中。有時候人們要在晚上圍著棺材舉行各種紀念儀式，直到下葬的那天。不管用怎樣的方式來作告別，都是有意義的。在救主沒有復原這世界之前，死亡是人人都必須面對的。

　　在葬禮上，逝者的遺體會被放置在某處，以便人們進來時表示敬意。葬禮結束後，靈柩會被蓋上，讓人們將眼光放在希望和應許上。有些文化傳統和教會習慣在葬禮的最後——蓋棺離開前往目的之前，先瞻仰遺體。

舉行喪禮——喪禮若在殯儀館舉行，則由喪禮承辦人負責喪禮安排，牧師或長老負責喪禮上的宗教儀式。喪禮由牧師或長老和喪禮承辦人協作來舉行。效率、計劃都要週全。任何延誤或優柔寡斷會讓原本傷痛的情形變得更加緊張。

對逝者家屬的安慰——逝者的家屬通常會先聚集在隔壁的房間，然後再被領到殯儀館或教堂的座位上。這不是適合長談的場合，但幾句鼓勵的話、簡短的祈禱以及小組的支援可協助他們度過喪禮。

喪禮的順序——喪禮的順序應當簡單明瞭。以下是建議的順序，可以根據具體情況作出調整：

- 家屬入座。
- 出席喪禮的人進場並入座。
- 讀經、禱告。祈禱要為曾經生活在世的人獻上感謝，為那哀慟的人帶來安慰，並帶來藉著基督得永生的盼望。
- 根據以下或類似的《聖經》章節講道。

伯14:1-2，14-15	你呼求，我就應允你。
詩23	雖然我行過死陰的幽谷。
詩27	等候耶和華；要有勇氣。
詩46	上帝是我們的避難所和力量。

詩90	耶和華啊，你世世代代作我們的居所。
詩91:1–2，11–12	我要論到耶和華說：祂是我的避難所，是我的山寨
詩121	我的幫助從耶和華而來。
賽33:15–17，24	城內居民必不說：我病了。
賽35:3–10	憂愁歎息盡都逃避。
賽40:28–31	那等候耶和華的必從新得力。
賽43:1–2	你從水中經過，我必與你同在。
約14:1–6	我必再來接你們到我那裡去
羅8:14–39	萬事都互相效力，叫愛上帝的人得益處。
林前2:9–10	眼睛未曾看見，耳朵未曾聽見
林前15:20–26	盡末了所毀滅的仇敵，就是死。
林前15:51–55	必死的既變成不死的。
腓3:20–21	我們是天上的國民。
帖前4:13–18	恐怕你們憂傷，像那些沒有指望的人一樣。
帖前5:1–11	我們無論醒著、睡著，都與祂同活。
來4:14–16	我們的大祭司並非不能體恤我們的軟弱。

彼後3:8-14	不願有一人沉淪。
啟7:15-17	他們不再饑,不再渴。
啟14:13	在主裡面而死的人有福了。
啟21:1-4	上帝要擦去他們一切的眼淚。
啟22:1-5	他們要見祂的面

- **孩童的喪禮**

| 撒下12:16-23 | 大衛的悲傷。 |
| 可10:13-16 | 祂就把他們抱在懷裡。 |

- **年輕人的喪禮**

傳11:6-10	少年人哪,你在幼年時當快樂。
傳12	當在你的幼年紀念造你的主。
路7:11-15	拿因城寡婦的兒子。

- **敬虔婦人的喪禮**

箴31:10-31	才德的婦人誰能得著呢?她的價值遠勝過珍珠。
太26:10-13	要述說這女人所行的,作個紀念。
徒9:36-42	多加。

- **老年人的喪禮**

| 創 15:15 | 你要享大壽數,被人埋葬。 |

太11:28	我就使你們得安息。
提後4:6–8	當跑的路我已經跑盡了，所信的道我已經守住了。

安慰的詩歌——由嘉賓獻上的特別詩歌要比會眾唱詩效果好，因為喪禮上的情緒可能會對唱詩造成干擾。

悼詞和訃告——悼詞和訃告的目的是要向逝去的生命表示敬意，可以一起讀，也可以分開讀。悼詞是對逝者更長久的懷念，訃告則包含了出生和死亡日期、在世親友的姓名以及逝者一生中的重大事件等等。在誦讀的過程中，適當的加入懷念、喜樂甚至幽默的話，有助於緩解沉重的氣氛。

見證——有些人覺得在喪禮上發表感言或是聽別人的分享，會帶來安慰。雖然這在某些情況下會有幫助，但感言應簡短，不要過於個人化或情緒化。

證道——喪禮上的證道應當講述死亡的現實以及對復活的盼望。應當講述逝者一生的貢獻，以及他的死亡給家庭、社區和上帝帶來的損失。證道的結尾引用一首詩歌也許比較合適。

祈禱——證道結束時的祈禱應當充滿對未來的信心和希望，要為在世的人帶來力量。

如果這時安排了瞻仰遺容，那麼按照慣例，主持人應走到棺材的前面站立，直到所有人完成告別。接著由喪禮主持人領著抬靈柩的人走向靈車，將靈柩放在這車，載往目的地。喪禮主持人可以乘坐靈車，也可以駕車跟在靈車後面。

安葬儀式──當引導抬靈柩的人走向墓地時，要避免踩踏他人的墓地，以示尊重。按照慣例，主持安葬儀式的人要站在逝者的前面，面對家屬。是否需要音樂可按當地習俗和家屬願望來決定，但通常它只是延長了這一天中最痛苦的時刻。倘若邀請了軍人或其他組織參加安葬儀式，就要先計劃協調好。如遇惡劣天氣，要儘量縮短安葬儀式。

簡化的下葬儀式。 簡化、非正式的下葬儀式可以包括讀經和禱告。適合的經文有帖前4：13–18和林前15：51–55。接著獻上相信且盼望復活的禱告。

正式的下葬儀式。 如果採用正式的下葬儀式，可以在讀經和禱告之間進行。葬禮的習俗各有不同。在某些地方，當牧師宣讀禱告文時會在棺材上撒上一把泥土或是花瓣。而在有些情況下，這樣的做法是對人性弱點的強烈提示，最好不要這樣做。

基督徒的下葬詞。「上帝本著祂的慈愛和智慧，讓我們親愛的（弟兄或姐妹的名字）在基督裡安睡了，我們輕輕地將他（她）的軀體交給塵土，並堅定地盼望當我們的主在榮耀裡再

來的時候，他（她）必歡樂地復活。那時，祂要按著那能叫萬有歸服自己的大能，將我們這卑賤的身體改變形狀，和祂自己榮耀的身體相似。」

未確知是否基督徒的下葬詞。「上帝本著祂的仁慈和祂旨意的安排，讓我們的朋友 (弟兄或姐妹的名字) 放下了今生的重擔。我們在愛中將他（她）的軀體交給塵土。我們要記得：人生的一切難題，全在慈愛憐憫而永在之父的掌握中。祂應許凡愛祂的人都得永生。」

儀式結束後。儀式結束後，人們會對家屬表示慰問。最好是能等到所有參加葬禮的人離開墓地。

喪禮前的安葬——有時，在舉行喪禮前就已完成安葬，在這種情況下可以先為逝者家屬舉行私人禮拜，然後家屬從墓地趕往教堂，參加喪禮。這樣的話，喪禮會著重於對生命的慶祝而非對死亡的哀悼。

火葬——火葬是埋葬逝者的另一種方式。復臨信徒並不反對火葬，相信上帝在復活祂的子民時不需要依賴既存的物質，就像祂在創造之初一樣。對火葬的接受程度主要受到地方文化和家屬情感的影響。

服事喪親之人——葬禮雖然結束，但家屬們依舊會在很長一段時間內承受喪親之痛。喪禮過後，親朋好友離開，孤獨感

便襲來。對喪親之人的安慰要在喪禮後開始，並持續數月之久。教會應向他們提供持續的支持。

要有耐心——悲傷需要很長時間來化解。失眠、焦慮、恐懼、憤怒、沉浸於悲傷之中，這些情況可能斷斷續續持續一年或更長時間。若不切實際地期望他們能夠「振作起來」，實際上會導致他們感到焦慮、內疚，讓悲傷更加難以承受。有些人可能會對上帝憤怒，當他們對信仰失去信心時，要善待他們，不要論斷或批判。

釋放情感、開始療癒的有效方法是交談和分享。喪親之人通常喜歡談起他們所愛的人，回想那珍貴且重要的時刻。然而，人必須揮別過去才能享受當下或展望未來。要敏於發現他們出現否認的跡象，例如拒絕談論死亡，不願放棄逝者的個人物品，或是持續服藥來掩蓋抑鬱的情緒。

要儘快鼓勵他們定期參與一些幫助他人的活動。積極參加喪親互助會可能會有幫助。

八、新屋祝福禮

祝福新屋的禮節依據不同的文化和個人的意願而定。全球教會並沒有關於這一理解的固定傳統。當一處新屋被建造、購買或租賃，或還清貸款時，可以舉行新屋祝福禮。通常是在房屋建造完畢，或是喬遷新屋的時候舉行。這樣做可以有機會邀

請鄰居和朋友來參加，使這個家在鄰里成為基督的見證。來參加的人通常包括擁有不同宗教信仰以及沒有宗教信仰的人。

應當區分新屋祝福禮和獻堂禮——房屋可以被用來向家庭和鄰里提供屬靈的幫助，而教堂則是專門分別為聖作敬拜上帝之用的。要記住它們之間的區別，房屋是被祝福的，而教堂則是被奉獻的。祝福這新屋會讓它與眾不同，因為在這家庭中培育著仁愛、合一與靈性的增長，見證著耶穌救贖的大愛。

主持人——主持新屋祝福禮無需證書或按立。長老可以主持，但要有牧師的同意與配合。

儀式——客人通常聚集在房屋的一處。祝福禮應當簡短，通常不超過30分鐘。建議的儀式如下：

• **會眾唱詩**	視當時的情形決定。合適的唱詩包括新版中文《讚美詩》，285首〈樂哉家庭〉和284首〈家中若有愛〉。
• **開場禱告**	這第一個禱告是為了求上帝臨格這個家庭。由於這個儀式共有三個禱告，開場和結束的禱告必須簡短，不要與「祝福禱告」重複。

- **介紹房屋簡史** 由家中的一位成員，可能是屋主來講述。簡單回顧這間房屋成為新家的經過。

- **講道** 以讀經開始，講述《聖經》中關於按照上帝的計劃和律法、建設家庭、住宅和社區的題目，強調需要互相依賴、互相支持。建議採用下頁建議的經文。

- **祝福禱告** 家人可以在房間當中站著或跪下，與周圍的來賓手牽著手。主領人祈求上帝祝福和保護房屋、家庭、鄰居和社區。

- **特別詩** 在有伴奏的情況下，可以唱〈祝福家庭〉這首詩歌。

- **結束禱告** 這個禱告應當簡短，不要與「祝福禱告」重複。可以使用一段《聖經》的祝福詞，例如：「願耶和華賜福給你，保護你。願耶和華使祂的臉光照你，賜恩給你。願耶和華向你仰臉，賜你平安。」（民6:24-26）

> • **參觀房屋**　結束後，主人可邀請客人參觀，並提供
> 　點心。

建議的參考經文和重點

創24:67　　　家庭是一個可以找到愛和安慰的地方。

撒下23:15　　家庭是使人振作的寶貴地方。

詩127　　　　耶和華建造房屋；祂賜福這屋以及兒
　　　　　　　女。

賽65:21-24　　他們要建造房屋，自己居住。

彌4:4　　　　人人都要坐在自己的葡萄樹下。

路10:38-42　　家庭是工作和敬拜的地方。

建議啟應詞

主領人：永生的上帝，因這個家庭參與祢的聖工、增添祢
　　　　的尊榮和榮耀。

會眾：　主啊！我們感謝祢。

主領人：無論什麼時候，有兩三個人奉祢的名聚會，祢必
　　　　在他們中間。

會眾：　主啊！我們感謝祢。

主領人：藉著我們的救主耶穌基督，使我們成為祢的兒女，

會眾：　主啊！我們感謝祢。

主領人：祢賜給我們家庭可以彼此相愛，

會眾： 　主啊！我們感謝祢。

主領人：因祢提供了住所、糧食和朋友，

會眾： 　主啊！我們感謝祢。

主領人：祢應許與我們平安同居。

會眾： 　主啊！我們感謝祢。

主領人：天上地上所有的一切都是屬於祢的。

全體： 　我們願意高舉祢的聖名於萬有之上。阿們。

另一種啟應詞——也可以用書面啟應的方式，要求這個家庭回答以下的問題，作出承諾：

- 你們是否承諾使這個房子成為禱告、進行靈修的地方呢？

- 你們是否承諾使這個房子成為家庭仁愛和團結的地方呢？

- 你們是否承諾使這個房子成為社會之光？

九、牧師就職儀式

轉移牧區是傳道工作的重要組成部分。牧師在同一教會服事的年限一般為三至六年，有的短至一到兩年，長的也很少超過十年或十五年。這是對服事及教會生活的一種職業期待，並不限於牧師的工作。那些在軍隊、政治、娛樂業或職業體育領域工作的人也希望在他們的生活中有工作地區和領導力的變化。

這種轉移對於牧師的家庭來說既是機遇，也是困難。一般來說，搬去新的地方對家庭會造成情感、身體和經濟上的壓力。區會和教會有責任幫助減輕牧師的家庭在這些方面的壓力。

這種轉變也會給教會帶來壓力。一位深受敬愛的忠心牧師的離開，會給教會的團契帶來不安和混亂。但這也為新的思想開闢道路。沒有任何一個人，哪怕他極具天賦，深受愛戴，也不可能擁有推進教友生命不斷向前發展的所有想法和能力。

就職儀式——區會和教會要為新來的牧師舉行就職儀式，作為公開履行牧師職務的一項重要的象徵性儀式。牧師不可自行計劃其就職儀式。教會領袖、長老和區會職員必須主動預備這項工作。就職儀式要在安息日敬拜時舉行，那時大多數教會成員都會出席。儀式上應重點介紹牧師的家庭，要考慮到牧師家人是否適應這種公開的介紹方式。

介紹區會代表——由於會眾可能不認識區會代表，負責的長老應當將他們介紹給信徒，並對區會在選擇及領導教會方面的工作表示感謝。

區會代表發言——由一位區會代表解釋甄選新牧師的過程，以及這位牧師的到來如何滿足會眾及社區的需要。接著對牧師的家庭作簡要的介紹。

　　長老致辭歡迎——由長老代表教會歡迎牧師。在徵得他們的同意後，可邀請牧師全家人到臺上來。如果牧師家中有兒童，可由安息日學教師、教會學校教師、青年團或先鋒會領袖或是教會中與之年齡相仿的兒童致歡迎辭。也可以準備一份小禮物。

　　啟應禱告。在就職儀式上，可以根據需要使用或調整如下啟應禱告：

宣告上帝的話語

長老：　　　人活著，不是單靠食物，乃是靠上帝口裡所出的一切話。上帝的道是活潑、有功效的，比一切兩刃的劍更快，甚至魂與靈，關節與骨髓，都能刺入剖開，連心中的思念和主意，都能辨明。

會眾：　　　並且被造的，沒有一樣在祂面前不顯明的。原來萬物，在那與我們連結的主眼前，都是敞開的。我們既然有一位已經升入高天尊榮的大祭司，就是上帝的兒子耶穌，便當持定所承認的道。

區會代表： 信道是從聽道來的，聽道是從基督的話來的。凡信祂的人，必不至於羞愧。因為眾人

同有一位主，祂也厚待一切求告祂的人。

會眾： 然而人未曾信祂，怎能求祂呢？未曾聽見祂，怎能信祂呢？沒有傳道的，怎能聽見呢？若沒有奉差遣，怎能傳道呢？

確認呼召

牧師： 我又聽見主的聲音，說：「我可以差遣誰呢？誰肯為我們去呢？」我說：「我在這裡，請差遣我。」主耶和華的靈在我身上。因為耶和華用膏膏我，叫我傳好信息給謙卑的人，差遣我醫好傷心的人，報告被擄的得釋放，被囚的出監牢。安慰一切悲哀的人。賜華冠予錫安悲哀的人代替灰塵，喜樂油代替悲哀，讚美衣代替憂傷之靈。

投身服事

男執事： 我所揀選的禁食，不是要鬆開兇惡的繩，解下軛上的索，使被欺壓的得自由，折斷一切的軛嗎？

女執事： 不是要把你的餅，分給飢餓的人。將飄流的窮人，接到你家中。

男執事： 見赤身的，給他衣服遮體。顧惜自己的骨肉

而不掩藏嗎？

會眾：　這樣你的光就必發現如早晨的光。你所得的醫治，要速速顯明。你的公義，必在你前面行。耶和華的榮光，必做你的後盾。

了解使命

牧師：　這天國的福音，要傳遍天下，對萬民作見證。

會眾：　然後末期才來到。

唱詩

〈千古保障〉（新版中文《讚美詩》74首）。

領受異象

區會代表：　上帝說：「在末後的日子，我要將我的靈澆灌凡有血氣的。你們的兒女要說預言。你們的少年人要見異象。老年人要作異夢。」在這個教會教導、崇拜、交流和服務的傳道工作中，你的異象是什麼？

牧師：　我視這個教會為上帝所救贖的、合一的組織，向世界呈現一個不斷追求的教會，對上帝啟示的聖言敞開，接受聖靈的運行；是一個屬靈的教會，敬拜上帝為創造主，承認基督

為救主、良友和很快復臨之主；是一個以傳道為宗旨的教會，以有效的方法向各處的人宣揚福音；是一個團結的教會，重視基督身體之內的各種財富；是一個培育型的教會，裝備信徒進行服務和帶領工作。

就職儀式適用的祈禱

區會代表：　因此，我在父面前屈膝，（天上地上的各家，都是從祂得名）求祂按著祂豐盛的榮耀，藉著祂的靈，叫你們心裡的力量剛強起來，使基督因你們的信，住在你們心裡，叫你們的愛心，有根有基，得以和眾聖徒一同明白基督的愛，是何等長闊高深，並知道這愛是過於人所能測度的，便叫上帝一切所充滿的，充滿了你們。上帝能照著運行在我們心裡的大力，充充足足地成就一切超過我們所求所想的。但願他在教會中，並在基督耶穌裡，得著榮耀，直到世世代代，永永遠遠。阿們。

（這一段啟應禱告中包含的經文如下：申8：13，賽6：8，賽58：6-8，賽61：1-3，太24：14，太25：31-40，太28：19，20，徒2：17，18，羅10：11-17，弗3：14-21，弗5：27，來4：12-14。）

就職禱告——牧師跪下（家人也可加入），面向會眾，區會代表在一側，負責的長老在另一側。也可以邀請其他長老和教會領袖加入禱告。長老先禱告，邀請教會信徒全力支持新牧師。接下來，區會代表禱告，正式任命牧師為教會領袖。區會代表隨即帶領長老和教會領袖歡迎新牧師一家。

　　教會歡迎——敬拜結束後，教會信徒可在離開聖殿時對牧師表示問候和歡迎。可以以愛宴的方式再次向牧師一家表示歡迎。

長老手冊
Elder's Handbook

總結與附錄

CONCLUSION AND APPENDIX

| 結論 | CONCLUSION

　　對於教會的持續成長和發展來說，長老的事奉至關重要。從教會成立之初直到如今，許多長老都是主忠心耿耿的僕人。長老在團契中的服事很大程度上是默默無聞的，因為這工作的榮耀在於服事，而非為人所知。藉著聖靈特別的恩賜，長老們給教會帶來祝福，使教會成為上帝活潑且富有成效的子民。

　　「我這作長老的勸你們……務要牧養在你們中間上帝的群羊，按著上帝旨意照管他們；不是出於勉強，乃是出於甘心；也不是因為貪財，乃是出於樂意；到了牧長顯現的時候，你們必得那永不衰殘的榮耀冠冕。」（彼前5:1-4）

|附錄| APPENDIX

問❶ 長老可以主持浸禮嗎？

- -

答① **長老必須經由區會會長特別許可，方能主持浸禮。**（相關規定及細節請參考《教會規程》，原文第75頁，以及《長老手冊》，原文第133頁）

問❷ 長老是教會提名委員會的當然委員嗎？

- -

答② **不是！**教會可以推選長老成為提名委員會的成員。但是沒有任何一位教會領袖，包括長老在內，可以是教會提名委員會的當然委員，但牧師是提名委員會的當然委員。（相關規定及細節請參考《教會規程》，原文第110–113頁）

問❸ 長老是區會代表大會的當然代表嗎？

- -

答③ **不是！**但教會有權推派長老擔任代表。（相關規定及細節請參考《教會規程》，原文第114頁）

問④ 若一位教友曾被選立為長老，但稍後有段時期並無擔任長老職務，那麼再被推舉為長老時需重新按立嗎？

答④ **不需要！**只要該名教友行事為人一貫符合教會標準，便毋須重新按立。（相關規定及細節請參考《教會規程》，原文第73頁）

問⑤ 長老可主持堂董會（教會職員會）嗎？

答⑤ **被任命為堂主任的傳道人是堂董會（教會職員會）的主席**，但若有需要時，堂主任可委託長老擔任**臨時**主席。（相關規定及細節請參考《教會規程》，原文第32、74頁）

問⑥ 若有人已被提名並選為長老，但尚未經過按手禮儀式，此時是否有權執行長老職務？

答⑥ **長老必須經過公開按手，方能主持教會各種儀式。**有些教會習慣先推選出長老，但等到一段時間或數年後才為其舉行按手禮。這樣的方式既不被認可，也不符合《教會規程》當中的規定。最好的方式是在推選之後儘快舉行按手禮儀式。（相關規定及細節請參考《教會規程》，原文第73頁）

問⑦ 教會懲處的一般程序為何？

答⑦ **教會懲處的程序包含譴責一段時期以及除名。**不管是教會或是教友，都需要在處理教友的教籍一事上高度謹慎。成為上帝教會的成員是一項特權。教友們當中或許會有人要求將犯錯的教友除名，但教會需盡力協助當事人認錯悔改，並勸教友們謹慎考慮除名一事。當然，若該名教友自行請求除名，那麼教會理當配合。

另一方面，若有些狀況是教會已然作出結論，認為犯錯的教友其行為及信仰的確有重大過失，應該受到譴

責或除名；那麼教會領袖便應該以關懷的精神，並且按《教會規程》當中的規定進行懲處的程序。（請參考《教會規程》，原文第56–68頁）

教會領袖需詳記下列重點：

❶ 一名教友受到譴責及除名的處分，只能是因為犯了《教會規程》當中所列出的原因。

❷ 教會堂董會在討論當事人的懲處問題之前，應先告知當事人。當事人毋須出席堂董會，但若當事人提出意願，堂董會應當給予其機會出席。

❸ 堂董會不能進行譴責或除名的處分，只能呈報教會事務會議來執行。

❹ 教會事務會議若訂了日期，就應通知當事人。讓當事人亦有機會出席教會事務會議。

❺ 教會事務會議作出處分的決定之後應通知當事人。

問⑧ 為何已領有傳道執照或專職傳道證書的傳道士，仍然需要被按手為教會長老？

答⑧ **按教會的規章所述，此類傳道士必須被按手為長老，方能執行主持聖餐禮、浸禮等職務。** 推舉並按立其為地方教會長老的目的，是為了符合規章的規定，並非以此代替其他長老的席次。若當中有人先前已接受過按手禮，便只需經過推舉程序。（相關規定及細節請參考《北美分會工作規章》，E05、L31、L32條，以及《教會規程》，原文第33頁）

問⑨ 長老可以主持婚禮嗎？

答⑨ **長老可以為婚禮證道、禱告、為新人祝福，但不能為新人證婚。** 另外，婚禮也應當依照各地政府法律規定來辦理相關事項。（相關規定及細節請參考《教會規程》，原文第75頁）

問⑩　在提倡十分之一捐款方面，長老擔任的角色與功能為何？

- -

答⑩　**長老應以身作則，依照其收入按時地忠心繳納十分之一**。作為教會重要領袖，他們應與教友分享忠心繳納什一所得的福分，並鼓勵教友也如此行。（相關規定及細節請參考《教會規程》，原文第72、75頁）

問⑪　哪一個區會部門專責提供長老所需的資料？

- -

答⑪　**各區會的傳道協會負責提供長老所需要的資源及培訓**。請聯絡您所屬區會之傳道協會，查詢是否預備給長老的資源。

本附錄資料來源：www.nadministerial.com

總結與附錄

國家圖書館出版品預行編目（CIP）資料

長老手冊：基督復臨安息日會全球總會傳道
協會著；張琛譯. -- 初版. -- 臺北市：時兆，
2019.08　　面；　　公分 --
譯自：Elder's Handbook

ISBN 978-986-6314-87-2（平裝）

1. 神職人員　2.教牧學

247.4　　　　　　　　　　　　108011219

長老手冊
Elder's Handbook

作　　者　基督復臨安息日會全球總會傳道協會
譯　　者　張琛

董 事 長　金時英
發 行 人　周英弼
出 版 者　時兆出版社
客服專線　0800-777-798
電　　話　886-2-27726420
傳　　真　886-2-27401448
地　　址　台灣台北市105松山區八德路2段410巷5弄1號2樓
網　　址　http://www.stpa.org
電　　郵　service@stpa.org

主　　編　周麗娟
責　　編　林思慧
校　　對　林思慧
封面設計　時兆設計中心　邵信成
美術編輯　時兆設計中心　邵信成
法律顧問　元輔法律事務所　電話：886-2-27066566

商業書店　總經銷 聯合發行股份有限公司 TEL：886-2-29178022
基督教書房　0800-777-798
網路商店　http://www.pcstore.com.tw/stpa
電子書店　PChome商店街、Pubu電子書城
郵政劃撥　00129942
劃撥戶名　財團法人臺灣基督復臨安息日會

I S B N　978-986-6314-87-2
定　　價　新台幣200元
出版日期　2019年9月　初版1刷

本書使用環保大豆油墨印刷